春陽堂ライブラリー
005

スノーボードの誕生

なぜひとは横向きに滑るのか

田嶋リサ
TAJIMA Lisa

SHUNYODO Library

スノーボードの誕生　なぜひとは横向きに滑るのか

目次

凡例

文中で多用する、サーフィン、スケートボード、スノーボードについて。スポーツ名として使用する場合は、サーフィン、スケートボード、スノーボードとした。ただし、板そのものを示す際には、サーフボード、スケートボード、スノーボードとし、板を使った動きを表すときには、サーフィン、スケートボーディング、スノーボーディングとした。

はじめに

あなたはスノーボードをやってみたいと思ったことはありますか。もしかしたら体験済みで、すでにスノーボードの面白さに魅せられているかもしれません。または、やってみたことはあるけれど楽しめるレベルまで達していないよ、とか、行く予定は無いけれどスノーボードに興味はある、といった感じかもしれません。この本は、いずれの人も大歓迎です。ただし、スノーボードの滑り方を教えるハウツー本ではありません。本書ではスノーボードの歴史を概観しながら「スノーボードと人間の関係」を紐解いてゆきます。

詳しくは後で述べますが、スノーボードの歴史は、一九六〇年代に始まったと考えられています。その一方で、一九三九年にはすでにスノーボードのようなソリ（Sled）がアメリカ合衆国で特許を取得していました。ソリは古くから運搬用に使用され、通常「横向きに立って乗るもの」ではありません。しかし、このソリとして特許を取った乗り物の映像を見ると、開発者たちは明らかに横向きに立って乗り、雪山を滑り降りています。

　進行方向に対して前向きではなく、あえて横向き（Sideways）に立って乗るスポーツ、サーフィン・スケートボード・スノーボードは、通称３Ｓと呼ばれ、アクション・スポーツとして人気を博しています。時系列で並べれば、まずサーフィンが、次にスケートボードが、最後にスノーボードが生まれました。もちろん、最初からスノーボードという名前がついていたわけではありません。この呼び名は一九八〇年代に定着しましたが、それ以前にはスノーサーフィンやスキーボードとも呼ばれ、スノーサーフィンという名称は現在も使用されています。

　一九九八年に開かれた長野冬季オリンピックからは、スノーボードが正式種目になりました。とりわけ日本でスノーボード種目が注目を集めたのは、二〇一四年ソチ冬季オリンピックでしょう。男子ハーフパイプで平野歩夢選手が銀メダルを、平岡卓選手が銅メダルを、女子パラレル大回転で竹内智香選手が銀メダルを獲得しました。こうした五輪メダリストの誕生は、国内でスノーボードが「余暇のレジャー」ではなく「真剣に取り組むスポーツ」としてより広く認知される絶好の機会になったともいえるでしょう。スノーボード同様「横向きに立って乗る」サーフィンとスケートボードも、東京２０２０オリンピックの正式競技となり、３Ｓがオリンピックに揃いました。オリンピック種目であるということは、一定数以上の競技者が世界各地にいることを意味します。オリンピック憲章によれば、オリンピック種目に選ばれるためには、夏季種目の場合、男子種目は少なくとも五〇か国三大陸で、女子種目は少なくとも三五か国三大陸で、冬季種目の場合は、少なくとも二五か国三大陸で広く行われていることが条件になっています。

他方でエンターテインメントの世界に目を向けスノーボードが登場する作品を探せば、人気ミステリー作家、東野圭吾による雪山を舞台にした小説を思い浮かべる人は多いでしょう。実際、東野氏はスノーボーダーで、二〇〇二年、四四歳のときにスノーボードを始めています。当時のスノーボード体験を綴ったエッセイ集『ちゃれんじ？』には、次の記述があります。

> 何かをマスターする歓びというのは、じつにいいものである。
> どんなスポーツにも、これでゴールインということはありえない。何かひとつ達

成できたとしても、必ずまた新たな目標が生まれるものだ。そういうことを続けていけば、飽きるなんてことは絶対にない。結局のところ、飽きるとは挫折なのだ。
スノーボードに出会って、本当によかったと思っている。
（『ちゃれんじ？』実業之日本社、一九八頁）

『白銀ジャック』や『疾風ロンド』などスノーボーダーが主要な人物として描かれる作品は、この後に生み出されました。

スノーボード愛好家の年齢層は幅広く、多様な背景を持つ老若男女が、それぞれ自分のペースでスノーボーディングを楽しんでいます。趣味とするもよし、プロを目指すもよし。スノーボードは生涯を通じて実践できるスポーツなのです。

いつ、どこで、誰が、どのようにスノーボードを発展させたのか。なぜ人は横向きで板に乗り滑りたいのか。人間にとってスノーボードとは、どんな意味を持つ道具なのか。本書は、あなたが雪上に出ても出なくても、スノーボードという人間が生み出した「楽しい営み」を理解する一助となるでしょう。スノーボードの誕生をめぐる数々の物語に、どうぞ最後まで、お付き合いください。

第Ⅰ部

スノーボードのはじまり

1 スノーボードの「祖父」と「父」

スノーボードをやっていても、いなくても、「スノーボードで知っているブランドはありますか」と聞かれたら、おそらく「バートン！」と答える人は多いでしょう。アメリカ合衆国バーモント州に本社を置くバートン・スノーボード社は現在、その知名度とビジネスの規模、BURTON US OPENと呼ばれる大会の開催など、スノーボード界を牽引する存在であることに間違いありません。実際、バートンは「スノーボードの父」とも呼ばれています。では「スノーボードを最初に作ったのはバートンですか」と聞かれたら、その問いに対する答えはイエスでもありノーでもある、という曖昧なものになります。なぜならスノーボードには「祖父」が存在しているからです。

スナーファーの誕生

バートン・スノーボード社の創業者であるジェイク・バートン・カーペンターは、二〇一九年八月三日、自身のインスタグラムに次のような文を投稿しました。

> 私の中で、シャーマン・ポッペンこそが、スノーボードを始めた人物だった。彼は雪上でのサーフィンという発想を示すことで、確実に私の人生を変えた。（中略）ご冥福をお祈りします。(In my world, Sherman Poppen was the guy who started snowboarding. He for sure changed my life by introducing the concept of surfing on snow to me. ... RIP)

シャーマン・ポッペンとは一九六五年にスナーファーという雪上を滑るボードを発明した人です。ジェイク・バートンは「二〇一九年七月三一日シャーマン・ポッペン八九歳で逝去」という訃報を受け、このように哀悼の意を表したのでした。

図1は、ポッペンが発明したスナーファーの一九六九年の広告です。今日のスノー

ボードより細く短く、足を固定する器具は無く、バランスを取るために握る紐が付いています。では、後に「スノーボードの祖父」と呼ばれるようになるポッペンは、どのようにして、このスナーファーを発明し市場に送り出したのでしょうか。

時は一九六五年一二月二五日、ミシガン州マスキーゴンのポッペン家では、一〇歳の長女ウェンディーと五歳の次女ローリーが暇を持て余していました。妻のナンシーは数日後に第三子の出産を控えていることもあり、体調があまりよくありません。「娘たちを外に連れ出して、遊んであげて」ナンシーは夫のシャーマンに言いました。外は雪です。しかし、家の裏の小さな砂丘に積もった雪はソリ遊びをするには薄すぎました。ソリの刃が砂に埋まって進まないのです。

そこでポッペンはウェンディーの子供用の

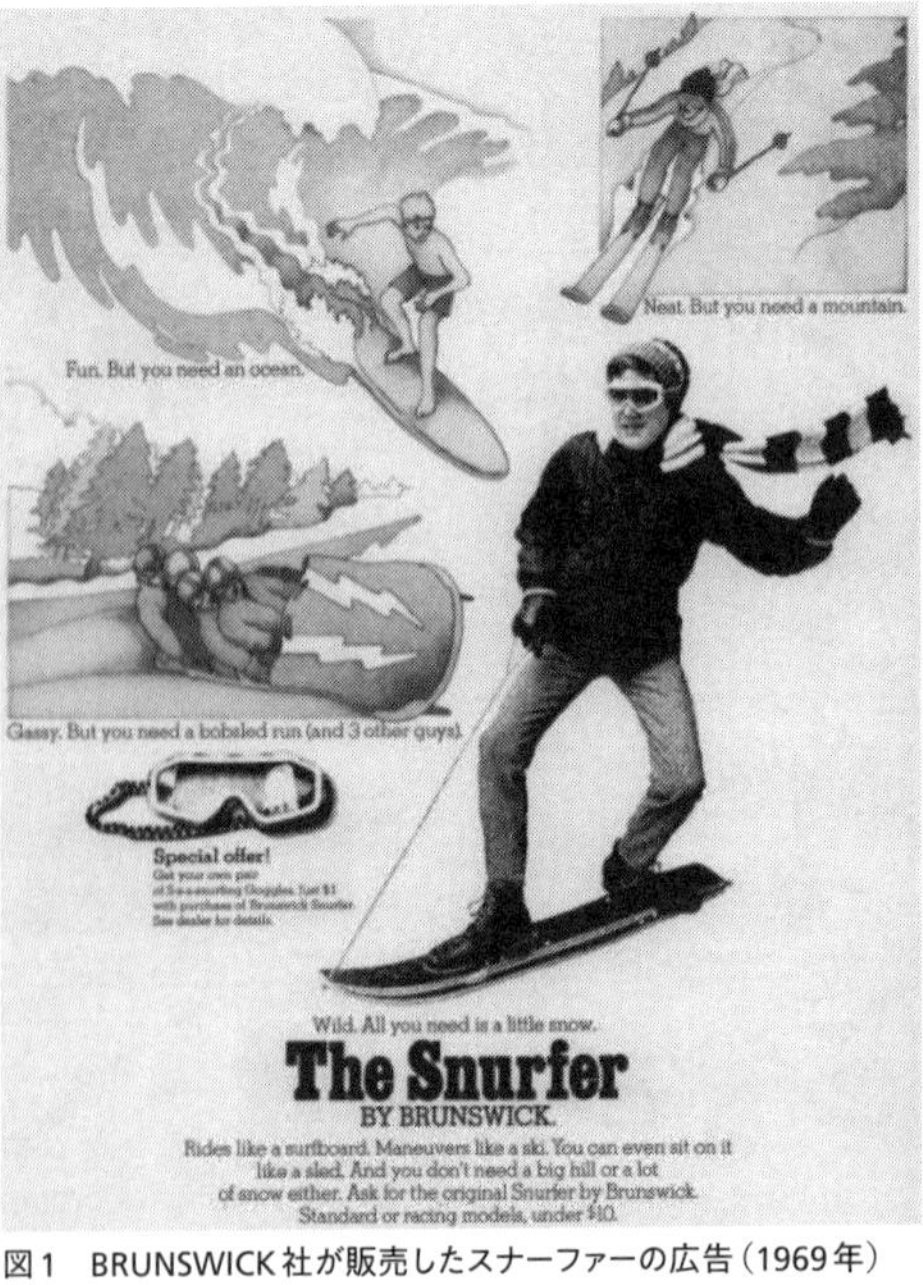

図1　BRUNSWICK社が販売したスナーファーの広告（1969年）

短いスキー板を二本揃えて並べ、上に細い木片を渡すと釘を打ち固定しました。すると、この合体させ幅広になったスキー板には浮力が生まれ、薄い雪でも砂丘を滑り降りることができたのです。二人の娘たちは大喜び。大笑いしながら滑って遊んでいると、家の裏戸が開いてナンシーが言いました。「楽しそうな玩具ね！　それ、スナーファーって呼ぶのはどうかしら。スノーとサーフィンよ。とても格好良いわ」。

　娘たちだけでなく、彼女らの友達もまた新しいおもちゃ「スナーファー」に夢中になりました。その様子を見てポッペンはスナーファーの改良を始めます。まず中古の水上スキーを探して購入すると、先端にドリルで穴を開けて紐を通しライダーがそれを持って滑ることができるようにしました。そして一九六六年に特許を申請。一九六八年に特許をとると、ボウリングの球などを製造する会社、ブランズウィック（Brunswick）にスナーファーを売り込み、商品化が決定します。ブランズウィック社はボウリング場のレーンに使用するラミネート加工された木材を転用してスナーファーを安価な玩具として大量生産し、一〇〇万台以上を売りました。スナーファーの人気は凄まじく、一九六八年から一九七〇年代後半に至るまでミシガン州マスキーゴンではスナーファーのレース大会が開催され、一九六八年の大会には二〇〇人以上の観衆が集まったと伝えられています。

スナーファーライダーから起業家へ

世界を代表するスノーボード・ブランド「バートン」の創業者、ジェイク・バートン・カーペンターも、熱心なスナーファーライダーでした。一四歳でスナーファーに出会ったときのことを彼は「スナーファーで夢が叶ったよ。サーフィンをしてみたかったし、僕は雪のことをわかっているスキーヤーだったからね」と回想しています。

一九五四年ニューヨーク州ニューヨーク市に生まれたジェイク・バートン・カーペンターは、コネチカット州にある私立の全寮制高校を卒業後、コロラド州立コロラド大学ボルダー校に進学します。彼の夢はＮＣＡＡ（全米大学体育協会）大会で優勝実績を持つコロラド大学スキーチームのメンバーになることでした。しかし、当時人気だったロックバンド、グレイトフル・デッドのコンサートに向かう道中で交通事故に遭い鎖骨を骨折したことなどもあり、結局、スキーチームに入ることはできませんでした。加えて勉強に対する興味も失ったため、大学を中退することに。もしもこのとき、バートンが大学のスキーチームに加わりスキーヤーとして活動していたら、スノーボードの歴史は少し変わっていたかもしれません。

コロラド大学中退後、バートンは「動物が好きだったから」という理由で、サラブレッド競走馬の世話をする仕事に就きます。しかし「真の動物好きには向いていない職のようだ」と感じたため離職し、私立ニューヨーク大学で経済学を学び始めました。一九七七年六月、二三歳のバートンは大学卒業と同時に在学中からインターンをしていたマンハッタンにある投資銀行に就職。そこでは小さな会社をより大きな会社に売るという企業売買を担当し手腕をふるいました。バートンの主な仕事は、起業家から話を聞いてレポートにまとめ、買収してくれそうな企業に提案するというものでした。このときの経験から得たことを、彼は次のように述べています。

> 起業することが、決して難しくないことはわかっていた。だから自分にもできる、と。ただ自分はサービス業ではなく、製造業で起業したかった。売れるような製品は、まだ何もなかったけれどね。

興味深いことに、起業家と接する日々の中で、しばしば彼の頭をよぎったのは「昔、考えていたこと」。それは、「スナーファーの改良」というアイデアでした。バートンが初めてスナーファーに乗ってから約一〇年が過ぎようとしていましたが、スナーファーを発展させたような商品は市場に出ていませんでした。「スナーファーに対して、誰も何もしていないことが驚きだった。だから、ビジネスになるかもしれない、と思った」。バートンは、そう語っています。

こうして、一九七七年冬、マンハッタンでのコンサルタントという仕事を辞めたバートンは、降雪量の多いバーモント州ロンドンデリーに引っ越し自身の会社バートン・ボード社を立ち上げます。そして、一九七八年の夏までに約一〇〇本の試作ボードを作りました。しかし、楽観的でいられたのは最初の頃だけで、二年後には借金を抱え、生活のため夏には生まれ故郷のニューヨークに戻ってテニスを教えたり、夜はバーテンダーとして働いたりすることもありました。

順風満帆からは程遠い船出でしたが、試行錯誤しながらボードを作っては販売する生活を送っていたバートンは、一九八一年に「バートン・ボード」だった社名を「バートン・スノーボード」に改名します。注意しなければならないことは、「スノーボード」

という語が決して、バートンの製品だけに使われていたわけではない、ということです。本書の中で順を追って紹介してゆきますが、当時、複数の「雪上を滑るためのボード」が製造販売され、それらの総称として「スノーボード」という呼び名が使用され始めていました。一九八二年の雑誌スラッシャー・マガジン（*Thrasher Magazine*）には「スノーボード」という記述があるので、この頃にはすでに一般名詞になっていたと言えるでしょう。間違いなく言えることは、バートンが、最も早い時期から、社名と商品名に「スノーボード」という言葉を取り入れていた会社だったということです。スナーファーをきっかけに事業家としてスノーボードの発展に多大な貢献をしたバートンの功績の続きは、後ほどさらに詳しく紹介します。

　興味深いことに、スナーファーとスノーボードのつながりを示すモニュメントが、シャーマン・ポッペンの出身地ミシガン州マスキーゴンのダウンタウンに設置されています。Turning Point と名付けられ、スノーボードの進化を表現したという高さ約四メートルのブロンズ像は、一番上にスナーファーに乗った女の子が、一番下に現代的なスノーボードに乗った人物が配置されています［図2］。二〇一二年六月に行われた、このパブリックアートの除幕式には、ポッペンも娘たちと共に参加し、集まった約一〇〇人の観衆の中には、昔愛用していたスナーファーを持参した人々もいたようです。

スノーボードの「祖父」シャーマン・ポッペンは二〇一九年七月三一日、八九歳で他界しました。そして、そのわずか四ヶ月後、二〇一九年一一月二〇日、スノーボードの「父」ジェイク・バートン・カーペンターも、この世を去りました。享年六五でした。

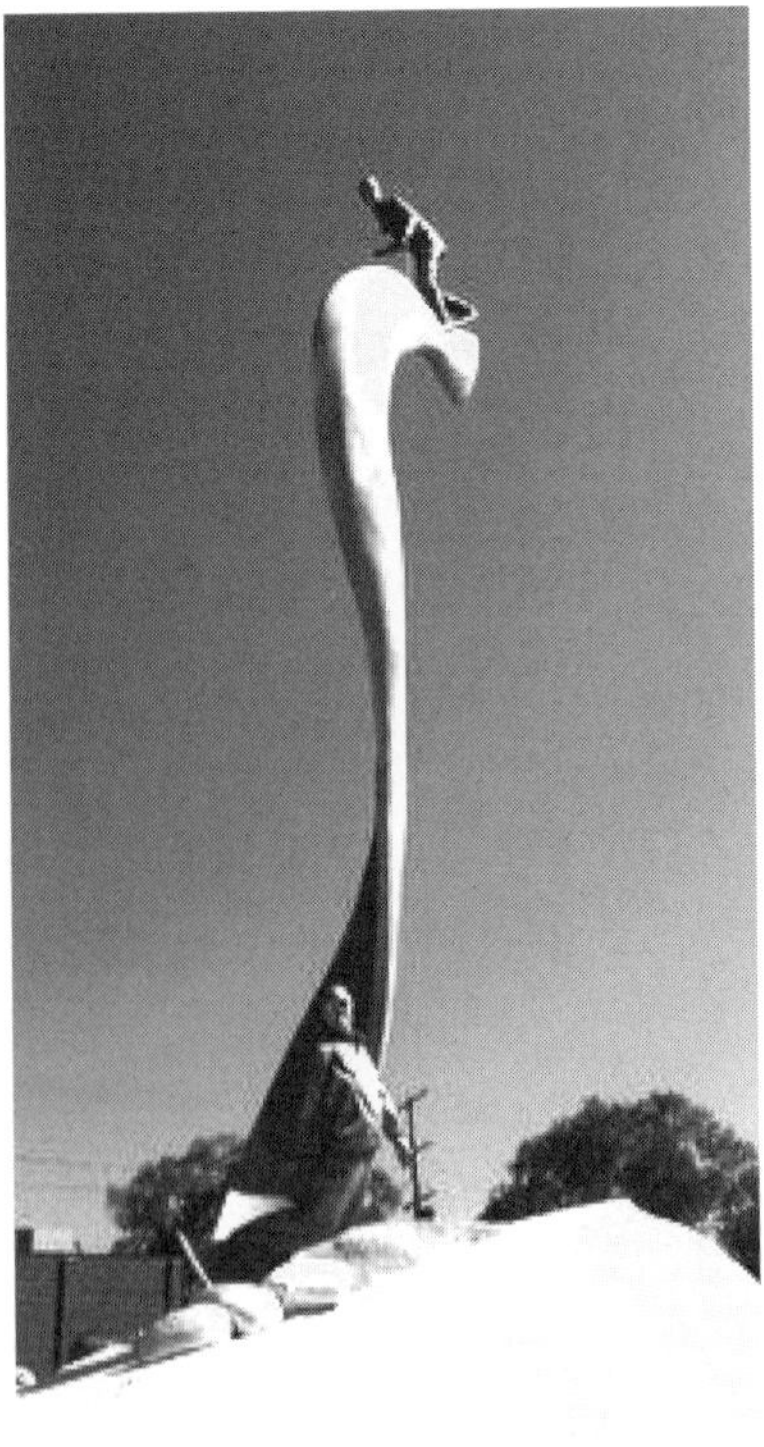

図2　Turning Point（2012年、マスキーゴン）

2 サーフィンとスノーボード

サーフィンの歴史

スナーファーは「スノー」と「サーフィン」を合わせた名前ですが、スノーボード誕生の背景には、サーフィンとの関わりがあります。そこで、ここからは、サーフィンの歴史を探っていきましょう。

サーフィンの起源は古く、明確にはわかっていませんが、五〇〇年頃ポリネシア人がタヒチ島を含むソシエテ諸島からハワイ諸島へ持ち込んだとされています。一〇〇〇年頃には「波を滑る」を意味するハワイ語「ヘエ・ナル（he'e nalu）」という言葉がすでに使われていたようです。

　では当時のハワイアンはどのような生活をしていたのでしょうか。一七九五年にカメハメハ一世がハワイ諸島を事実上統一して王国を樹立するまで、ハワイでは様々な部族が族長を中心に暮らしていました。人々は族長を最も高い位置に置く四つの階層に分けられ、特定の神を崇拝する宗教は無く、自然から派生した神々を信仰する多神教でした。加えて当時のハワイ社会には、「カプ（kapu）」と呼ばれる掟がありました。「カプ」は禁令制度で、例えば、庶民が族長や王族の影を踏む、男女が同席して食事を一緒にとる、女性がバナナを食べるなど、色々なことが禁じられていました。この「掟」は、換言すれば「法」のような存在で、その頃のハワイでは「カプ」によって聖なる力である「マナ（mana）」が衰えることを防ぎ、神の加護を得ることで、ハワイ社会の秩序が守られると考えられていました。とりわけ聖なる力「マナ」を最も強く持つ存在とされたのは、族長や王族など支配者階層にある人々でした。そのため、下層にある庶民との接触は彼らのマナを弱める行為と信じられ、庶民が彼らの「影を踏む」ことも禁じられたのです。

　そしてサーフィンも、支配者の勇敢さや機敏さ、優れた統制力を示す手段のひとつとしてカプに取り込まれていました。庶民が支配者層のサーフ・ポイントでサーフィンをすることは禁じられ、サーフボードの長さも身分が高いほど長く、ボード作りに使用する樹種も身分で分けられていたのです。ボード作りに関しては、興味深い余話があります。サーフボードを作る職人たちは、サーフボードにする木を決めると、木を切り倒す前には必ず祈りを捧げ、根元に掘った穴にクムと呼ばれる赤い魚を埋めていたそうです。このような儀式は、人々が自然から派生した神々を崇拝していたため行われたのでしょう。

一七七八年、ハワイ諸島は、イギリス人ジェームズ・クック船長が指揮する調査船団によって発見されました。海でサーフィンをするハワイアンの様子も、その記録に残されています。ハワイ諸島は、その存在を西洋に知られたことによって、太平洋を航海する多くの船舶が寄港する地になりました。当時、ハワイ島の大首長だったカラニオプウの甥にあたるカメハメハ一世は、上陸したイギリス人から大砲や銃の使い方を学び、同首長の死後、一七九五年にハワイ諸島を事実上統一、王国を樹立しました。カプ制度はハワイ王国になっても継続していましたが、一八一九年にカメハメハ二世が王に即位し、カメハメハ一世の妻が摂政として政治に強い影響力を持つと、カプ制度の廃止に乗り出します。結果、その取り組みは見事に成功。人々はカプで禁止されていたことが自由にできるようになりました。

しかし、一八二〇年以降、キリスト教の考えを布教するために、ハワイ王国にはアメリカ合衆国を始めとする諸外国から、宣教師がやってくるようになります。文明化を進めようとする宣教師たちの眼に、全裸に近い格好で自由奔放に楽しむサーフィンは「野蛮で快楽的すぎる活動」と映りました。そのため、宣教師たちはハワイ独自の文化であるサーフィンを禁止してしまいます。結果として、一八二〇年以降、一時期サーフィンはハワイでほとんど行われなくなってしまいました。しかし一八〇〇年代後半、ハワイ国王となったカラカウアは、近代化の中で失われつつあったハワイ文化の復興を掲げ動き出します。これが転機となり、人々は再び海でサーフィンを楽しむようになりました［図3］。カラカウア王もサーファーで、今日に至るまでハワイ島にあるヘエイアは、王族のサーフ・ポイントだっ

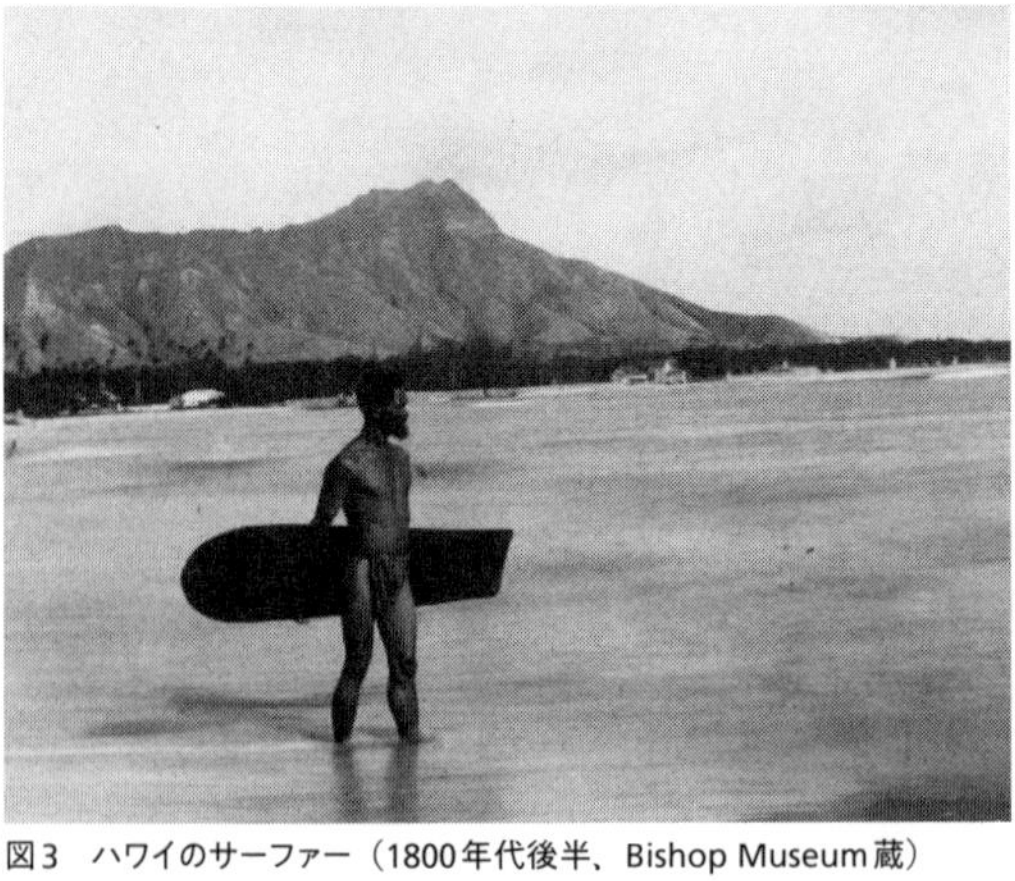

図3　ハワイのサーファー（1800年代後半、Bishop Museum蔵）

た場所として知られています。

　ハワイ王国は一八九五年に滅亡し、一九〇〇年にアメリカ合衆国の準州となりました。ハワイの伝統文化であったサーフィンをアメリカ合衆国本土やオーストラリアなどに伝えた中心的人物は、ハワイ王国時代の一八九〇年、オアフ島で生まれた生粋のハワイアン、デューク・カハナモクです。サーフィンと水泳を得意とした彼は、その卓越した身体能力でアメリカ代表の水泳選手に選ばれると、一九一二年ストックホルム・オリンピック一〇〇メートル自由形で金メダルを獲得。水泳の大会などで訪れた先々でサーフィンを楽しむ姿が注目を集め、当時まだ一般には知られていなかったハワイの波乗り文化「サーフィン」を、各地に広めました。生誕一〇〇年にあたる一九九〇年には、その功績を称え、サーフボードを背にしたカハナモクの等身大銅像がオアフ島ワイキキ・ビーチに設置されています。

　カハナモクなどの活躍もあり、一九六〇年代のアメリカでは「サーフィンの文化」が人気を集めました。一九六三年にはビーチ・ボーイズのアルバム『サーフィンＵＳＡ』が発売され、一九六六年にはサーフィンを題材にした映画『エンドレス・サマー』が封切られるなど［図4］、サーフィンそのものだけでなく、サーフィンから派生した音楽や映画、ファッションなどを含む「サーフ・カルチャー」がブームになったのです。

アメリカのサーファーと冬用サーフボード

アメリカでサーフ・カルチャーが流行していた一九六〇年代、東海岸でサーフィンを楽しみ、一九七〇年代に雪上でサーフィンをするための用具として、冬用サーフボード「ウィンタースティック（Winterstick）」を完成させた人物が、ディミトリー・ミロビッチです。彼は、その功績から、歴史上、スノーボードの発展に最も貢献した人物のひとりと言われています。しかし、オランダで生まれ、アメリカ合衆国ニューヨーク州ウェストチェスター郡で育ったミロビッチは、厳密に述べ

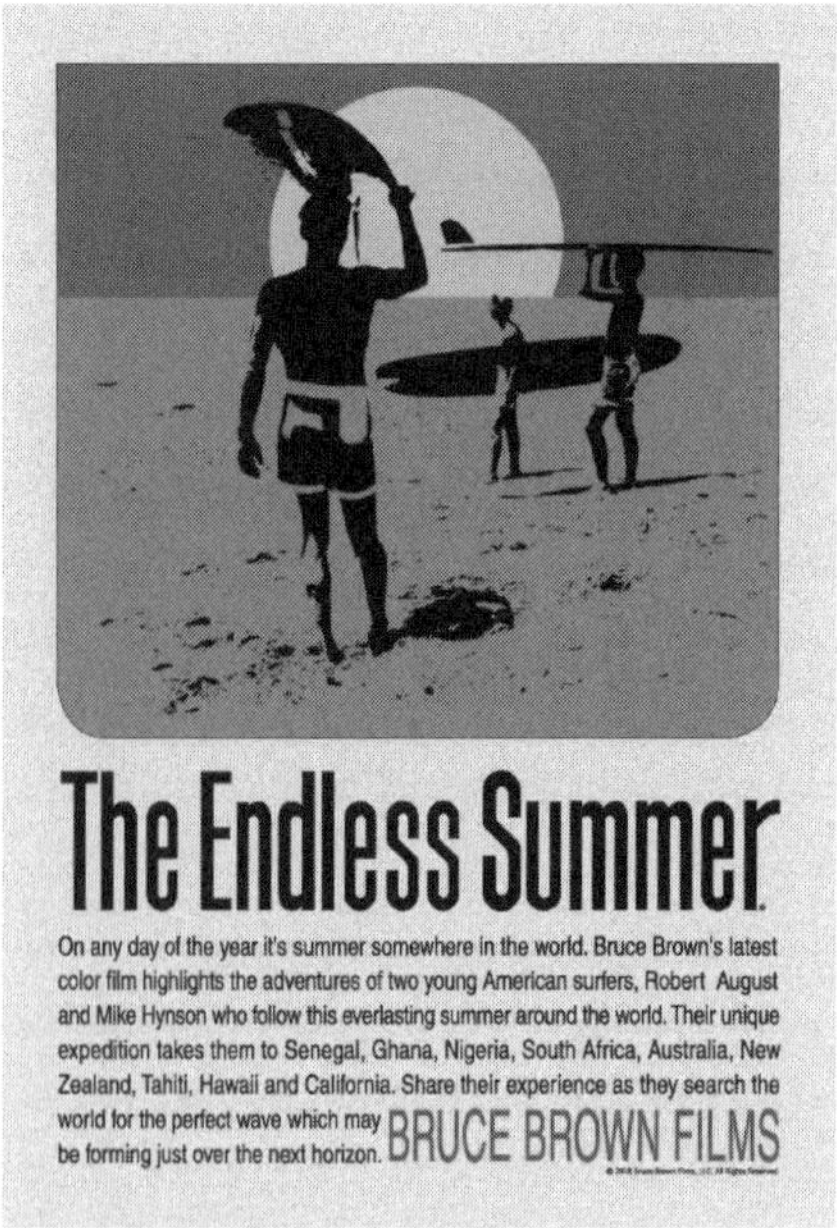

図4　映画『エンドレス・サマー』のポスター
（Bruce Brown Films、1966年）

れば、雪用サーフボードという「発想の生みの親」ではありません。

始まりは、ミロビッチが目にした雑誌の記事までさかのぼります。そこには、ニュージャージー州のサーフボード職人ウェイン・ストーブケンという人が、雪用サーフボードを自作している、と書かれていました。それを読んだミロビッチは、どうしても自分で、記事にあるボードに乗ってみたくなったのです。インターネットが一般に普及していない時代の話です。サーファーであるミロビッチはストーブケンの連絡先を入手できないか、自分の周辺からつながりを探し始めました。そして、一九七〇年の冬、ストーブケンと直接連絡を取ることに成功すると、ミロビッチは雪用サーフボードを貸してもらうことができないか、交渉したのです。願いは通じ、待望のボードと対面する日がやってきました。ストーブケンが自作した雪用サーフボードは木製で、長さが約一八二センチ、重さは約九キロもあったそうです。今日のスノーボードと比較すると、それはありえないくらい重い物体だったと言えるでしょう。ミロビッチは、そのボードを持って、すぐさま地元のスキーエリアに向かいました。雪が積もった坂を登り、雪上にボードを置くと、サーフィンをする要領で両足を乗せて立ちました。そして先端を少し下げると、雪の積もった坂をボードは勢いよく滑り降り始めたのです。板だけで九キロ、そこにミロビッチの体重が乗っていることを考えると、かなりのスピードが出ていたことは容易に想像できます。この日のことをミロビッチは後のインタビューで、「完全に夢中になった。今までやってみたことの中で一番格好良かったからね」と語っています。初滑走で「スノーサーフィン」の魅力にとりつかれたミロビッチは、自分でも雪用サーフボードを作りたくなってしまいました。ストーブケンと話し合い、結果として、ストーブケンはボードの削り方をミロビッチに教え、ミロビッチはその対価として特許料を支払うということになりました。

こうしてミロビッチの冬用サーフボード作りが始まります。海上でのサーフィンよりも雪上でのサーフィンに夢中になったミロビッチは、在籍していたアメリカの名門校コーネル大学を中退し、一九七二年一一月、ユタ州の州都ソルトレイクシティへ向かいました。目的は、元サーファーのテッド・ジョンソンがオーナーを務めるスノーバードというスキーリゾートに行くことでした。ミロビッチは、そこで働きながら、機会があれば、自分たちで作っている冬用サーフボードを「新たなスポーツのための発明品」として、元サーファーであるジョンソンに見せたいと思ったのです。ソルトレイクシティ国際空港からの移動はヒッチハイクでした。スキー場があるリトル・コットンウッド・

キャニオンまでたどり着き、いよいよ最終目的地であるスノーバード・スキー場近くまで乗せてくれる車を見つけ同乗させてもらうと、車の中でミロビッチは、スノーバードに行く理由や、そこで自分たちで開発している冬用サーフボードをジョンソンに見せたい、といった想いを語りました。すると驚くことに、偶然にも車を運転していた人物は、ジョンソンの妻、ウィルマだったのです。ウィルマはその日のうちに、スキー場の駐車場でミロビッチとジョンソンを引き合わせました。そして、冬用サーフボードの特許申請デザインを見たジョンソンは、スノーバード・スキー場のコースを使って試走することを許可してくれたのです。「これが一日目。本当に信じられない。幸運だったよ」。ミロビッチは三〇年後に、そう振り返っています。

　スノーバード・スキー場のサウナでタオルを渡す仕事などをしながら、休みの日には冬用サーフボードの開発を行う生活が始まりました。ミロビッチにボードの作り方を教えたストーブケンも一旦は合流しましたが、すぐにホームシックになり、あっけなくニュージャージー州へ戻ってしまいました。しかし二人は一九七四年までに二つのデザインで特許を取得。一九七五年三月に手作りの「冬用サーフボード」が雑誌 *Newsweek* に取り上げられると、注文が入るようになりました。そこで一九七六年、ミロビッチはドン・モスとレニー・セッションズという新たな仲間と共に、ウィンタースティック社を立ち上げます。「スティック」とは一九六〇年代のスラングで「サーフボード」を指し、「ウィンタースティック」とは正に「冬用サーフボード」という意味でした。ウィンタースティックには、スナーファーについていたライダーが握る紐はありません。雪上サーフィンにこだわったミロビッチは、波の上で手を自由に動かすことができるサーファーは、雪の上でも同様であるべき、と考えていたからです［図5］。しかし、後にミロビッチが「流行より早すぎることは良くない。遅すぎても良くないけれど」と述べているように、ウィンタースティックのデビューは時期尚早でした。一九七六年といえば、ジェイク・バートンがバートン・ボード社を設立する一年前のことです。この頃は、スキー以外の用具で滑ることを許可するスキー場は、ほぼ皆無で、ウィン

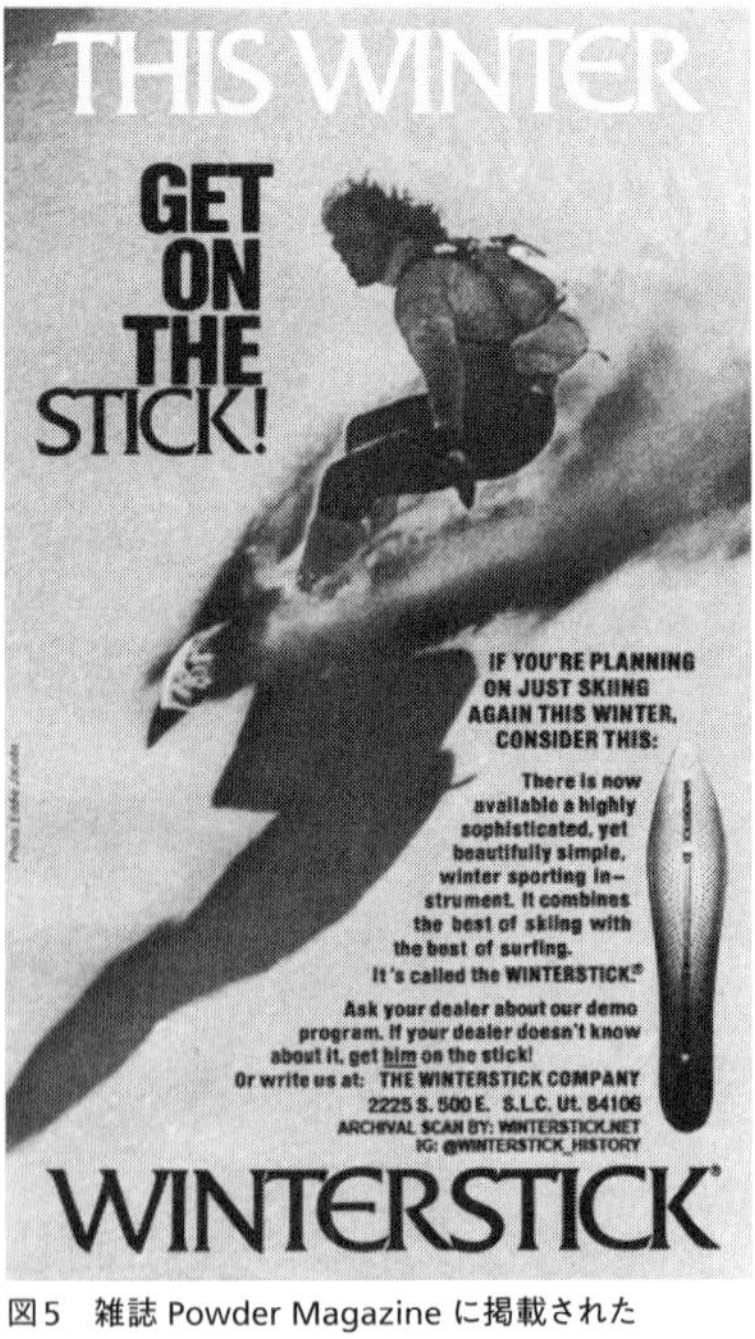

図5　雑誌 Powder Magazine に掲載されたウィンタースティックの広告（1978年）

ータースティックの市場は非常に限られていました。加えて、ウィンタースティックは高価でした。一九七九年三月一二日発行のニューヨーク・タイムズの記事によると、当時、発売されたばかりのバートン・ボードが八八ドル、スナーファーの通常モデルが二〇ドル以下、スナーファーのスーパーレーシングモデルが三〇ドル以下という価格で販売されていたのに対し、ウィンタースティックは、通常モデルが一九〇ドル、より長い上級モデルは二五〇ドルもしていました。結果、一九八二年にミロビッチは会社を閉めます。創業から六年間で販売したウィンタースティックの数は、合計で一〇〇〇本にも達していませんでした。

　とはいえ、全てがうまくいかなかったわけではありません。ミロビッチは後に、ウィンタースティックを開発する過程で身につけた技術を生かして、ウィンドサーフィンやレース用自転車の部品などの製造を開始し、一九八六年にRadius Engineering社を創業。飛行機のパーツなど航空宇宙産業を始めとする工学技術の分野などで成功しています。そして、ウィンタースティックブランドのボードは、ディミトリー・ミロビッチが経営から離れた後も、異なる複数の会社によって引き継がれ製造販売されています。

　概して、ウィンタースティックは「スポーツ用品」として製造販売された初の本格的な「雪用ボード」でした。当時人気を集めていたスナーファーは、サーフィンを連想させる名前は持つものの、構造や材質の点で「玩具」だったからです。ミロビッチたちが考え抜いて辿り着いた丸みを帯びたラウンドテイルと、二つに割れたスワローテイルは、後に開発されるスノーボードに多大な影響を与え、その形がいかに滑ることに特化した普遍性を持っていたのか、後世に伝え続けています。

日本の波乗り文化とサーフィン

では、日本国内におけるサーフィン文化と雪山遊びの関係は、どのようなものだったのでしょうか。サーフィンが本格的に日本に入ってきたのは第二次世界大戦後、一九四〇年代後半のことです。しかし、それ以前から日本には、独自の「波乗り文化」が存在していました。最も古い記録は江戸時代で、山形県鶴岡市湯野浜で「瀬のし」と呼ばれる一枚板で波乗りが行われていたことを、酒田の俳人が一八二一年の日記に綴っています。今日の人気サーフ・エリア神奈川県藤沢市の鵠沼海岸を写した一九〇九年の絵はがきでも「板子」と呼ばれる「波に乗るための板」を持つ少年を見ることができます。

　図6は、神奈川県中郡大磯町にある大磯町郷土資料館が所蔵する「板子」です。木製で手を入れる穴が空いている板子は海水浴場にある「茶屋」という現在の海の家のような場所で借りることができました。中には板子を自作する波乗り好きもいたようです。少年少女たちは明治時代の後期から、板子の上に腹ばいになり「波乗り」を楽しんでいました。板の向きを変えて乗ることはあっても、上に立ち上がることはしていなかったようです。

　大正、昭和と時代が下り、戦後になると、雑誌の記事でハワイやカリフォルニアで行われているサーフィンのことを知り、その衝撃から写真だけを頼りにサーフボードを自分で作ろうとする人々が現れました。他にも、海岸で進駐軍の米兵と遭遇し彼らのサーフボードを借りてサーフィンしたことがきっかけでサーフボードが欲しくなり、自作を

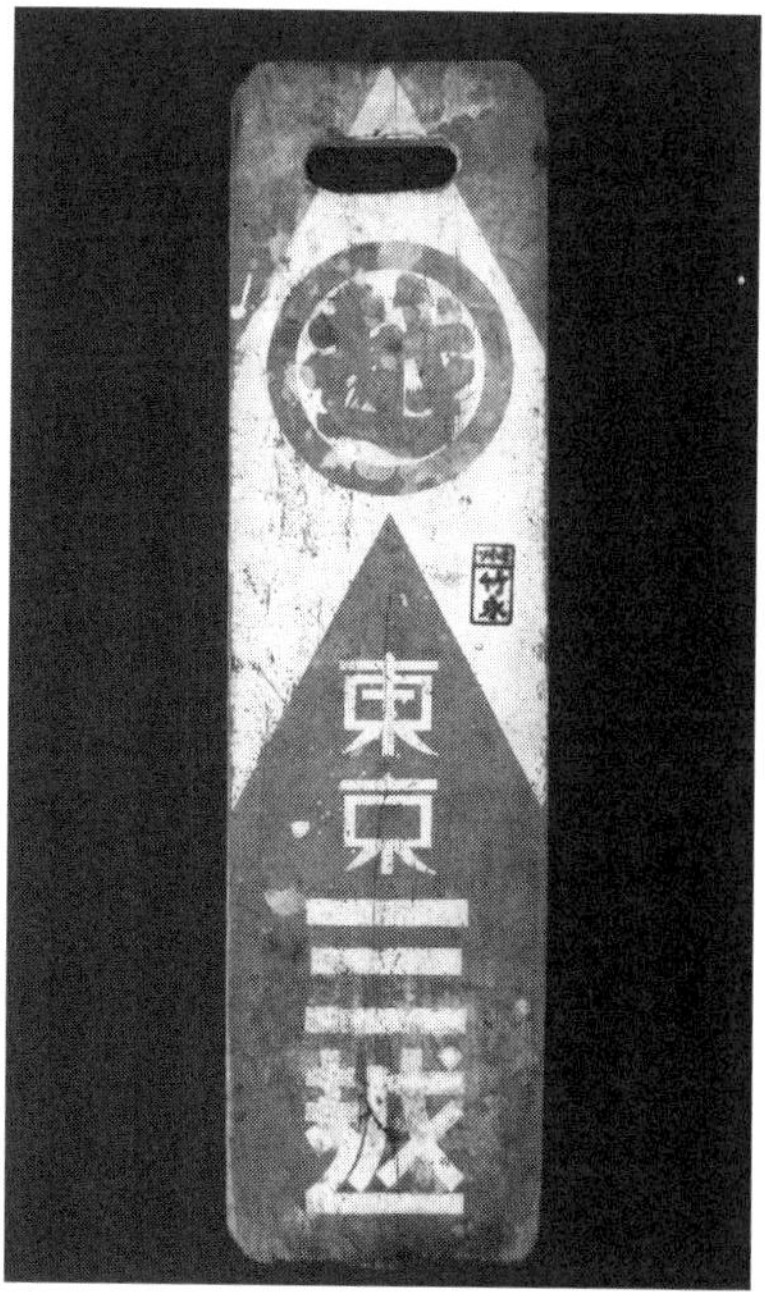

図6　板子（大磯町郷土資料館蔵）

試みる人なども各地に出てきました。こうして日本におけるサーフボード作りは「波乗り」愛好家が中心となって日本各地で個別に進んで行ったのです。一九六〇年代になると、自分たちの手で作ったサーフボードを販売する会社をサーファー自身が設立し始めました。実は、その中のひとりに、日本で初めて雪山を滑ることに特化した「スノーサーフボード」を発明し、やがて製品化した人物がいたのです。

スノーサーフボードを生み出した日本人

日本で初めてスノーサーフボードを製品化した人物は、パイオニアモス社の創業者、サーファーでもある田沼進三です。田沼は一九四七年、神奈川県鎌倉市で生まれました。家は海まで歩いて二、三分のところにあり、中学生の頃には「海の向こうは何処だろう、自分でヨットを作って行ってみたい」と思い巡らせながら海を見ていたそうです。そんな田沼少年の「ものつくり」は、高校で入部した科学部での実験を通して一気に専門性を深めてゆきます。その実験とは「自作ロケットを飛ばすこと」。ロケット本体のノーズ部分をグラスファイバーで作り、ロケットを飛ばす燃料にウレタンゴムを使うことにしたため、必然的に、グラスファイバーとウレタンゴムに関する知識と技術が必要になりました。そこで田沼少年は原料メーカーに電話をかけて相談。すると扱い方をメーカーから直接教えてもらえることになり、高校生活を送りながら企業の研究室などにも通う日々が始まりました。

すると高校二年のある日、近所に住む友人から「自分でサーフボードを作っているけれどグラスファイバーの加工がうまくできない」という相談を受けます。これをきっかけに、田沼はサーフボード作りに参加するようになりました。そして高校三年のとき、初の自作サーフボードを完成させます。すると、それを見た近所の人が「自分もサーフボードを作りたい」と製作を依頼。こうして一〇代後半からサーフボード作りを始めた田沼は、二二歳になる一九六九年にパイオニアモス社を創業して、本格的にサーフボードの製造販売業を開始しました。

雪との接点は、一九七一年の冬に訪れました。東京に住んでいる女の子たちから「サーフィン仲間や友達と一緒にグループでスキーに行かない？」と誘われたのです。しかし田沼を含めサーフィン仲間たちは皆「サーフィンはするけれど、スキーなんてしたことがない」状態。そこで田沼は「雪山で、何かサーファーでも格好よくできるような、雪の上を滑る道具を考えよう」と思いつきます。それは、雪の斜面を波の斜面に見立てて、擬似的に雪上でサーフする道具でした。しかし、斜面そのものが動いている波の上と、静止している雪の斜面では、板に求められることも異なりました。そこで田沼は、スキーとサーフボードが合わさったようなものを設計。結果、幅約二五センチ、長さ約一三〇センチ、ソリのように少し反っていて、両サイドにはスキーのエッジが、後ろの中央には五ミリくらいのフィンがついた、雪用サーフボードを完成させました。

当初、田沼にとって雪用サーフボードは、あくまでも自分たちが雪上で楽しむための遊具でしかありませんでした。しかし数年後、アメリカの雑誌に掲載されていた「雪の上でサーフィンをするような道具」に触発され、田沼はサーファーが冬に楽しめるスノーサーフボードの試作を本格的に開始します。この頃は、まだ現在のようなウェットスーツが普及していなかったため、冬にサーフィンをする習慣そのものがありませんでした。そのため、冬の間はサーフボードの注文も少なく、田沼にはスノーサーフボードの開発に取り組む時間的な余裕があったのです。

こうして、かつてスキー場で「サーファーが雪上で格好よく遊ぶため」に発案された道具は、改良と進化を繰り返し、一九七九年、モス・スノースティック（MOSS snowstick）という名前で販売開始されました。すでに述べたように、スティックとは、英語のスラングでサーフボードを意味することから、正に「雪用サーフボード」です。この製品は、スキーブーツを履いて使用することが前提になっていて、スキーブーツを固定するバインディングがついていました。足を板にしっかりと固定する構造は、今日のスノーボードと非常によく似ています。一九七九年時点で市場に出回っていた横向きで雪上を滑るためのアメリカ製品、スナーファー、バートン・ボード、ウィンタースティックなどには、ブーツを板に完全に固定する装置はついていませんでした。驚くことに、日本製のモス・スノースティックが、世界初の固定式バインディングのついた製品だったのです［図7］。

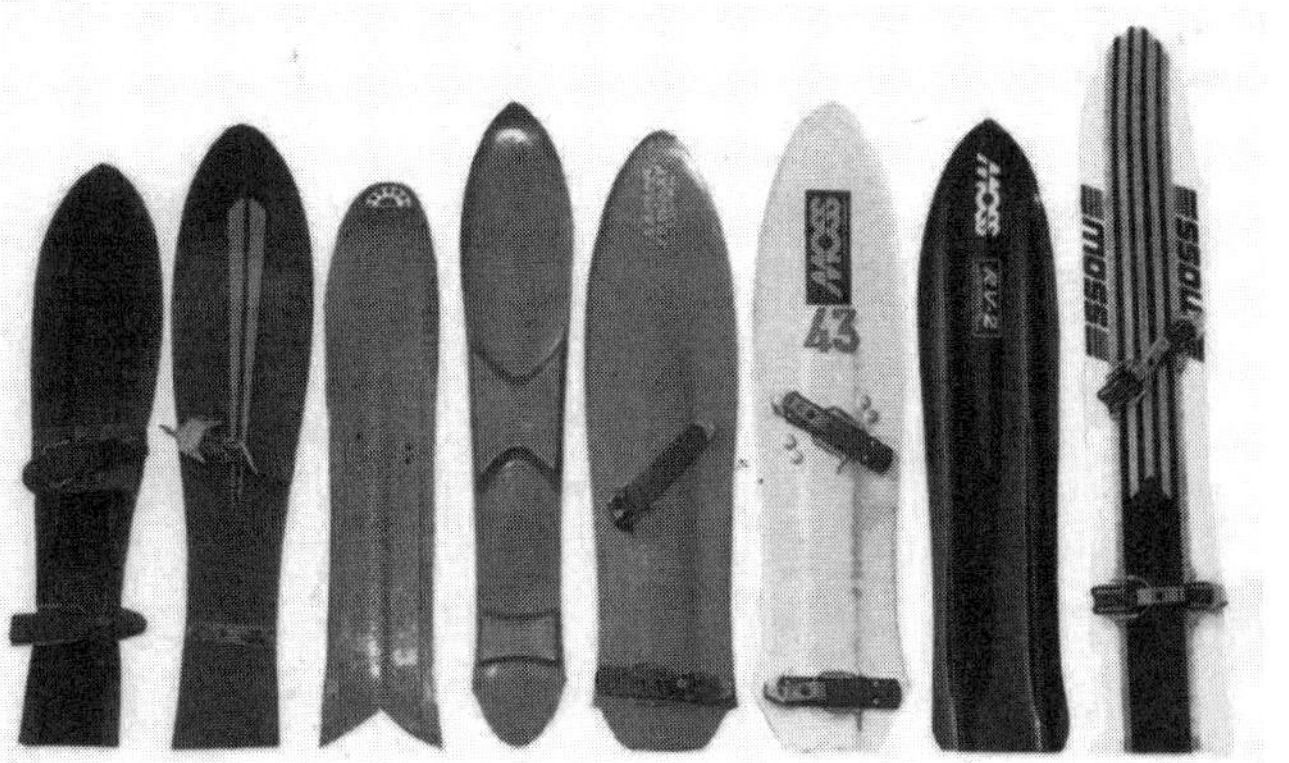

図7　モス・スノースティックの初期ボード（パイオニアモス社HPより）

3 スキーとスノーボード

スキーとスノーボードの関係

スノーボードという名前が定着する以前、「雪上を滑るための一枚板」は「ひとつの」を意味する「モノ」という接頭辞を用いて「モノスキー」とも呼ばれていました。実際、一九七九年三月一二日付の米国新聞ニューヨーク・タイムズの記事では、バートン・ボードとスナーファー、そしてウィンタースティックが、「スポーツ用品：モノスキー（Sporting Gear : Monoskiing）」として紹介されています。

スキーがスノーボードに与えた影響は大きく分けてふたつあります。ひとつは、商品化の過程における影響です。一九八〇年代、スポーツ用品としてスノーボードの商品化が進む過程で、材質や形状など、すでにスキー商品の開発で培われた技術や手法が応用され、スノーボードが大量生産されていきました。フランスのサロモンやアメリカのK2、日本の小賀坂スキー製作所といったスキーメーカーもスノーボードの開発及び製造販売に参入しました。他方は、競技スタイルへの影響です。スノーボードは、一九九八年の長野冬季オリンピックから正式種目になりましたが、そのときに行われた種目は「アルペンスタイル」の大回転と「フリースタイル」のハーフパイプでした。同じスノーボード種目でありながら異なるふたつのスタイルが示されている背景には、スキー同様の分類が、スノーボードにも用いられているためです。スキーは、スノーボードが誕生する一〇〇年以上前から行われていました。そこで、ここからは、スキーの歴史を概観しながら、スノーボードとの関連を探りましょう。

スキーの歴史とスタイル

スキーの発祥は古く、ノルウェー北部では紀元前二五〇〇年頃に描かれたと考えられている岩に彫られたスキーヤーの画が一九三二年に発見されています。図8は、その岩面刻画を鮮明な線画にしたもので、スキーヤーは、ウサギの耳のようなものがついた頭部マスクを被り、L字型のストックを一本持っています。ウサギを彷彿させる長い耳をつけている理由には、超人的な姿に変わることで動物の力を得たいという狩猟呪術があるとも言われています。

この岩面刻画からも明らかなように、雪上を歩いたり滑ったりすることを可能にするスキーは狩猟具であり、移動手段でした。戦争で使われたこともあります。総じて実用的な使用に限られていたスキーでしたが、一八六〇年頃から、ノルウェーのオスロを中心に、スキーを都市のスポーツにしようとする動きが見られるようになります。この背景には、当時イギリス社会全体で急速に広まっていた「健全なる精神は健全なる身体にやどる」といった心身壮健の思想がありました。加えて、ノルウェーでは王室がスキー競技の勝者に賞を与えるなど、スキーを奨励する風潮が一般庶民まで広がり、スポーツとしてのスキーはノルウェーの国技になったのです。

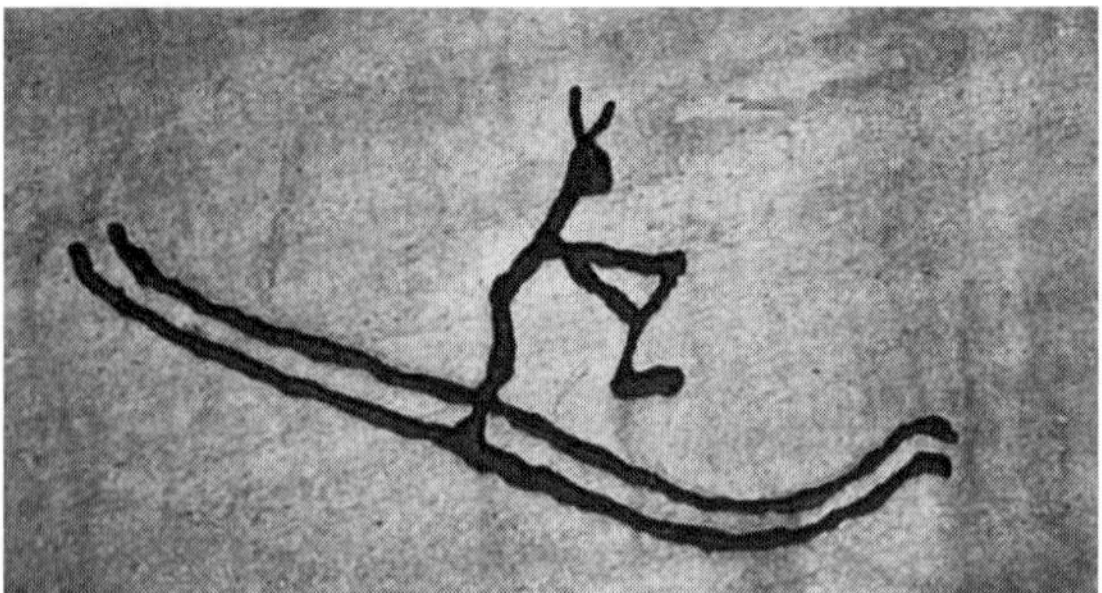

図8　紀元前2500年頃に描かれたと考えられている岩に彫られたスキーヤーの画を元にした線画。1994年ノルウェーで開催されたリレハンメル冬季オリンピックの種目別ピクトグラム（絵文字）のベースデザインにもなっている。

やがてスキーは、ノルウェーから北欧全域に広がり、スカンジナビア地方の丘陵地帯に適した滑り方として「ノルディックスキー」が発達しました。「ノルディック」とは「北欧の」を意味し、「ノルディックスキー」とは、北欧諸国で発達したスキー競技の総称です。オリンピックなどの大会で行われる、なだらかな雪面を長距離にわたって進む距離競技クロスカントリースキーや、台から飛躍して飛距離を競うスキージャンプは、北欧発祥の「ノルディック競技」です。

一九世紀後半になると、スキーは他のヨーロッパ各国へも広がっていきます。中央ヨーロッパのアルプス地方は、急な山岳であるため、北欧とは異なった滑走技術が求められ、アルプス山岳地帯で「アルペンスキー」が発達しました。「アルペン」とは「アルプスの」という意味で、「アルペンスキー」とはアルプス山岳地帯で発達したスキー競技の総称です。この呼び名は一九二〇年代に定着しましたが、「アルペン競技」ではコースに並べられた旗門を通過しながら下降して、滑る速さを競います。主な種目に、回転（スラローム）や大回転（ジャイアント・スラローム）があります。

そして、一九六〇年代のアメリカでは、アクロバットスキーが発達しました。コブ斜面を自由に滑り降りる様が、「攻撃的で曲芸的」を意味するサーフィン用語「ホットドッグ」に通じることから、アクロバットスキーは一時期、ホットドッグとも呼ばれていました。一九七〇年代になると、滑り、飛び、演技するスキー競技であることから「フリースタイルスキー」という呼び名が生まれ定着しました。オリンピック競技としても知られるモーグルやハーフパイプは、フリースタイルスキー競技です。

スキースタイルとスノーボードの関係

では、このようなスキースタイルとスノーボードには、どのような関係があるのでしょうか。スキーのスタイルを時系列で追うと、まず距離を競う「ノルディック」が、次に速さを競う「アルペン」が、最後に、表現を競う「フリー」が、スポーツとして確立していったことがわかります。これらをスノーボードに当てはめてみると、ノルディックスタイルにおけるクロスカントリーのような距離種目は、平らな雪面を進むことが難しいスノーボードでは、発展しませんでした。またスノーボードには、急な斜面を下りてジャンプ台から飛ぶ、一見ジャンプ種目に類似して見える「ビッグエア」と呼ばれる種目がありますが、これは飛距離ではなく、空中における回転などの演技を採点するので、フリースタイルに分類されます。概して、ノルディックスタイルとスノーボードの接点は見当たりません。

　アルペンスタイルは、すでに述べたようにスノーボードでも行われ、冬季オリンピックの種目になっています。さかのぼれば、一九八三年に開催されたスノーボードの大会「第一回日本スノーサーフィンチャンピオンシップ」で実施された種目も、滑降（ダウンヒル）と回転（スラローム）でした。アルペンスタイルはスピードを競うため、使用するスノーボードも高速性能を重視した設計で、ブーツも一見、スキーブーツに似たハードブーツを使用します。スタンスと呼ばれる板上の足の位置も、アルペンスタイルのスノーボードでは横向きではなく、斜め前向きに固定し、上半身を完全に進行方向に向けて滑走します。旗門構成によってつくられたコースを滑りタイムを競うアルペンスタイルのスノーボード種目は、スキーによってすでに確立していた種目をスノーボードに応用し発展させた競技といえるでしょう。

　一方で、スキーの歴史の中で最も新しく、技や表現を競うフリースタイルには、スノーボードが独自に生み出していった種目が複数あります。ハーフパイプ、スロープスタイル、ビッグエアは、スケートボードからの影響を強く受けスノーボード主導で発達しました。今日のフリースタイル・スノーボーディングは、スケートボーディング無くしては成立しません。次はスケートボードの歴史を概観しながら、スノーボードとの関係を紐解いていきます。

4 スケートボードとスノーボード

スケートボードの歴史

スケートボードは、一九五〇年代、米国カリフォルニア州で自作されていたキックスクーターが改良され進化する過程で生み出されたと考えられています。当時の自作キックスクーターは、細長い木片の裏面にローラースケート用の車輪を付け、表面に木製のハンドルを付けたものでした。従来キックスクーターは、そのハンドルを手でしっかりと握り片足で地面を蹴りながら移動する乗り物ですが、やがてハンドルを完全に取り除いた「一枚の板状の乗り物」を作る人も現れました。こうして、手放しで立って乗る、「スケートボーディング」が始まったのです。しかし、この頃はまだ「スケートボード」という呼び名は無く、車輪のついた板に乗ることは「サイドウォーク・サーフィン」と呼ばれていました。サイドウォークとは歩道のことで、一九五六年に市販された最初の製品には「サイドウォーク・スウィンガー」、その後にローラーダービー社から発売された商品には「ローラー・サーフィン」という名前が付けられています。

興味深いことに、一九五〇年代後半まで「スケートボード」にはローラースケート用の車輪が転用されていました。実は、ローラースケートの歴史は古く、諸説あるものの、一七〇〇年代初頭にオランダで始まったと言われています。オランダでは一二世紀頃から運河の建築が行われ、人々は冬になると凍った運河でアイススケートを楽しんでいました。すると、氷が溶けた後でも滑る感覚を味わいたいと思う人々が現れ、「路上のスケート」としてローラースケートが生み出されたのです。

こうしてオランダでアイススケートからローラースケートが誕生したように、米国カリフォルニア州ではサーフィンからスケートボーディングが発達しました。初期のスケートボーダーは、ほとんどがサーファーで、彼らはサーフボードを削るように木材を削ってデッキと呼ばれる板の部分を作り、車輪を付けてスケートボードを自作しました。やがてサーフショップも独自にスケートボードの製造販売を始め、一九六三年にはロサンゼルスのハモサビーチで初めての大会が開かれています。スケートボードという呼び名は、一九六四年に雑誌 *The Quarterly Skateboarder* が創刊されていることから、それ以前には定着していたようです。しかし、一九六〇年代のスケートボーディングは裸足で行い、舗装された平らな場所で、前後どちらかの車輪を使ってその場でスピンをしたり、板の上で逆立ちをしたりするなど曲芸的な要素が強く、今日のスケートボーディングにおける「フリースタイル」と呼ばれる滑り方が主流でした［図9］。

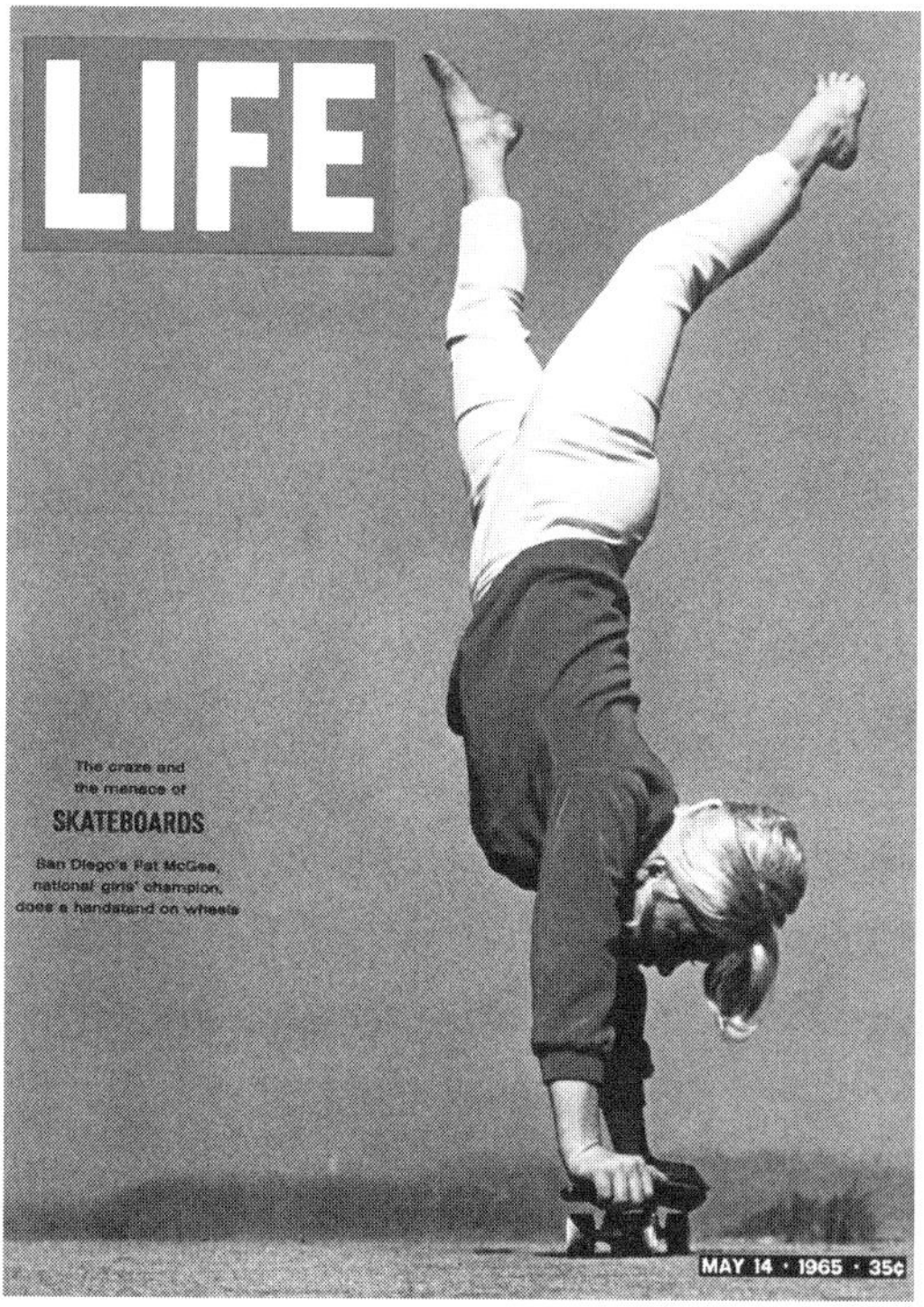

図9　米国の雑誌LIFE May 14号（1965年）

サーフスタイルからの影響と独自の発展

初期のカリフォルニアのスケートボーダーは、ほとんどがサーファーだったこともあり、彼らにとって一番はサーフィンで、スケートボーディングはサーフィンができないときに「代わりにすること」でした。スケートボードは彼らにとって、地元での移動や、波が無い、または波が良くないときに使う遊び道具に過ぎなかったのです。しかし時が経つにつれ、彼らの中には、スケートボードで「どこを」「どのように」滑るのか、という、スケートボーディングそのものに、より興味関心を向ける者も現れてきました。結果として、サーフィンにおける動きの模倣だけでなく、スケートボーディング独自の技が短期間で数多く生み出されたのです。技が「短期間で数多く」誕生した背景には「滑る場所」の違いが関係しています。サーフィンは、海で行うという特性上、全く同じ波が二度来ることはありません。加えて、練習のために波を人工的に起こすこともできないため、すべて海次第です。他方で、スケートボーディングは、動かない人工物の上で行います。滑走面そのものが変化することはないため、人は同じ場所を繰り返し滑り、滑走面からの影響を受けることなく反復練習や新たな技への挑戦を行うことができます。このような特徴が反映され、スケートボーディング独自の技は、わずかな期間でサーフィンの何倍も出現しました。

　加えて、サーフィンからスケートボーディングへ用語の転用もなされました。例えば、彼らはバンクと呼ばれる幅広い緩斜面を波に見立て、サーフィン同様、体の正面をバンク（波）に向けて行う動きを「フロントサイド」、背面をバンク（波）に向けて行う動きを「バックサイド」と名付けました。スケートボーディングから強い影響を受けているスノーボーディングでも、これらふたつの言葉は用いられています。同様に、サーファーが低重心で体の軸を波側に倒した際に行う「水面を手で触るような動き」は、カリフォルニアのスケートボーダーたちも行い、後にスノーボーダーの間でも見られるようになりました。

キドニー型プールの発見

　一九七〇年代、スケートボーディングは更に進化し、今日のスケートボーディングやスノーボーディングに多大なる影響を与える発展を遂げます。そのきっかけのひとつは、スケーターによって「発見」された「ある場所」にありました。そこで、ここからは、スケートボードが行われる「空間」に着目しながら歴史を探ってゆきましょう。

スケートボードの大会での種目には「パーク」と「ストリート」があり、それぞれ異なった特徴を持つ競技場で競われます。「パーク」の会場は、お椀のような丸い空間が複数組み合わさって作られていますが[図10]、そもそもなぜ、このような「空間」で、スケートボードが行われるようになったのでしょうか。

「パーク」の原点は、興味深いことに、一九三九年フィンランドに完成したマイレア邸の庭に作られたスイミングプールにありました。設計したのは、世界的に有名なフィンランドの建築家アルヴァ・アアルト

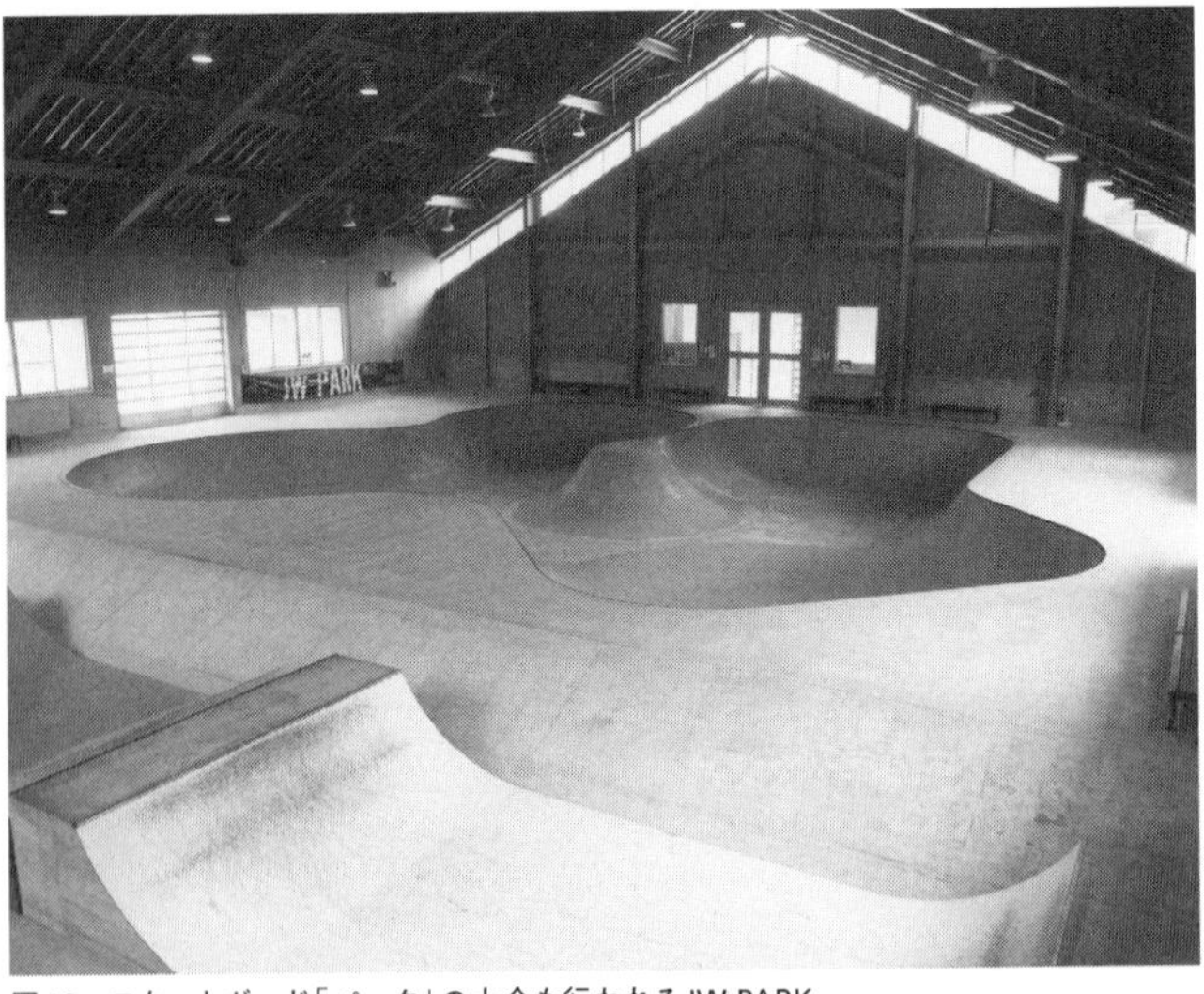

図10　スケートボード「パーク」の大会も行われるJW-PARK バタフライボウル（提供：全日本ウィンタースポーツ専門学校）

（一八九八―一九七六）です。モダンでありながら曲線を多用したデザインが特徴で、建築のみならず家具やガラス製品などのプロダクト・デザインも手がけた人物です。通常、私たちが知るスイミングプールといえば長方形の箱型で、底から壁が垂直に立ち上がっています。しかし、アアルトがデザインしたプールに九〇度の角はありませんでした。まず、その形はキドニー型と呼ばれる「腎臓」のような形で、プールの底と壁は緩やかな曲線でつながり、深さも均一ではなく浅い底の側と、深い底の側がありました。このアアルトの独創的なプールデザインに触発され、カリフォルニアに持ち込んだのが、アメリカの造園家で住宅デザインも手がけたトーマス・チャーチ（一九〇二―一九七八）です。チャーチはアアルト・プロダクトの米国輸入代理業も行っていた人物で、チャーチが一九三七年に初めてフィンランドを訪れた際にはアアルトが自身の設計した建築物を案内するなど同世代の二人は交流を持っていました。フィンランド訪問から約一〇年を経た一九四八年、カリフォルニア州ソノマ郡にチャーチが設計を手掛けたドネル邸が完成します。その庭のプールはキドニー型をしていました。生物を連想させる曲線を多用した庭の中心にキドニー型プールを配置したドネル邸は、「カリフォルニア・モダン」を象徴するデザインの邸宅として注目を集め、書籍や雑誌が次々と取り上げました［図11］。

その結果、キドニー型プールは全米のみならず世界中に広まり、各地で作られるようになったのです。

浅い側と深い側があり、角が無いため底からスムーズに壁を登ることができるキドニー型プールの構造は、スケートボーディングにとって絶好の形状をしていました。

一九六五年前後には、自宅のプールの水を抜いた際、この構造を偶然に発見し、プールでスケートボーディングを行ったという人物の記録も残っています。しかし、スケートボーダーとキドニー型プールを一気に近づけたのは、一九七四年頃からカリフォルニアを襲った歴史的な干ばつでした。深刻な水不足により、洗車やレストランでの水の提供も制限される状況の中、当然のごとくスイミングプールの水は抜かれ、再び水を溜めることは避けられました。つまり、空のキドニー型プールがあちらこちらに出現したのです。とりわけカリ

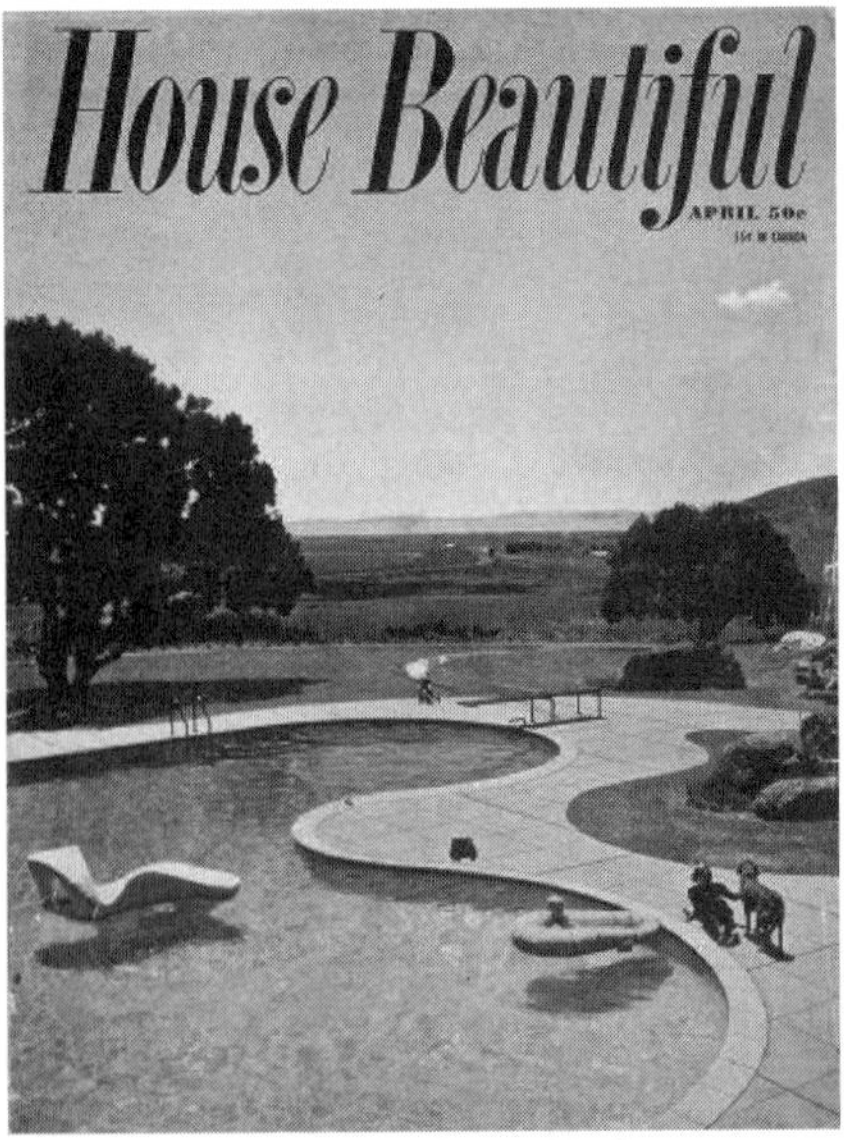

図11　ドネル邸のキドニー型プールが目を引く雑誌House Beautiful April号（1951年）

フォルニア州の中でもロサンゼルス郡は、ビバリーヒルズやサンタモニカなど豪邸が多く立ち並ぶ地域で、当然、庭にはプールがありました。

スケートボーダーたちは、水が抜かれたプールで滑り始め、それは「プールライディング」と呼ばれるようになります。自宅であれば問題ありませんが、他人の家のプールを無許可で滑れば不法侵入で逮捕されます。それを知りながら、経済不況のため売りに出された家、頻繁に起きる山火事のため空き家状態の家、騒音公害のため放棄された空港地域の家など、無人で通報されにくい家のプールを探し出しては滑る者たちもいました。一方で、スケートボーダー自らが合法的に使えるよう交渉したプールもありました。サンタモニカの「ドッグボウル」もそのひとつで、サンタクルーズ近くのブエナビスタプールは三〇年以上も空で、一五年以上もの期間スケートボーディングが行われていたと言われています。

キドニー型プールのすり鉢状空間で、スケートボーダーたちは新たな滑り方を模索します。とりわけ一九七五年に西海岸のドッグタウンと呼ばれる地域で結成され全米中に知られるようになるスケートボードチームZ-Boysの出現は、鮮烈でした［図12］。なぜなら、Z-Boysのスケートボーディング・スタイルは、一九六〇年代に主流だった直立で曲芸的な要素が強く裸足で行っていた「フリースタイル」とは全く異なっていたからです。一〇代のZ-Boysメンバーたちは、揃いのTシャツにジーンズ、VANSのスニーカーを履き、膝を深く曲げ、低重心でサーフィンの動きを大胆に取り入れた攻撃的なスケートボーディングをしていました。その姿は瞬く間に注目を集め、スケートボード専門雑誌の表紙や誌面を飾り、Z-Boysは全米のみならず世界各地の同世代を魅了したのです。若者文化の人気アイコンとなったZ-Boysメンバーには個別にスポンサーがつくなど、スケートボードには利益を目的とした投資がなされるようになりました。

更に滑り方の面から述べれば、Z-Boysのメンバーは皆一〇代だったこともあり、危険を顧みず競って新たな技を生み出しました。彼らはプールの中で、一方の壁から滑り始め他方の壁のリップと呼ばれる頂点にたどり着

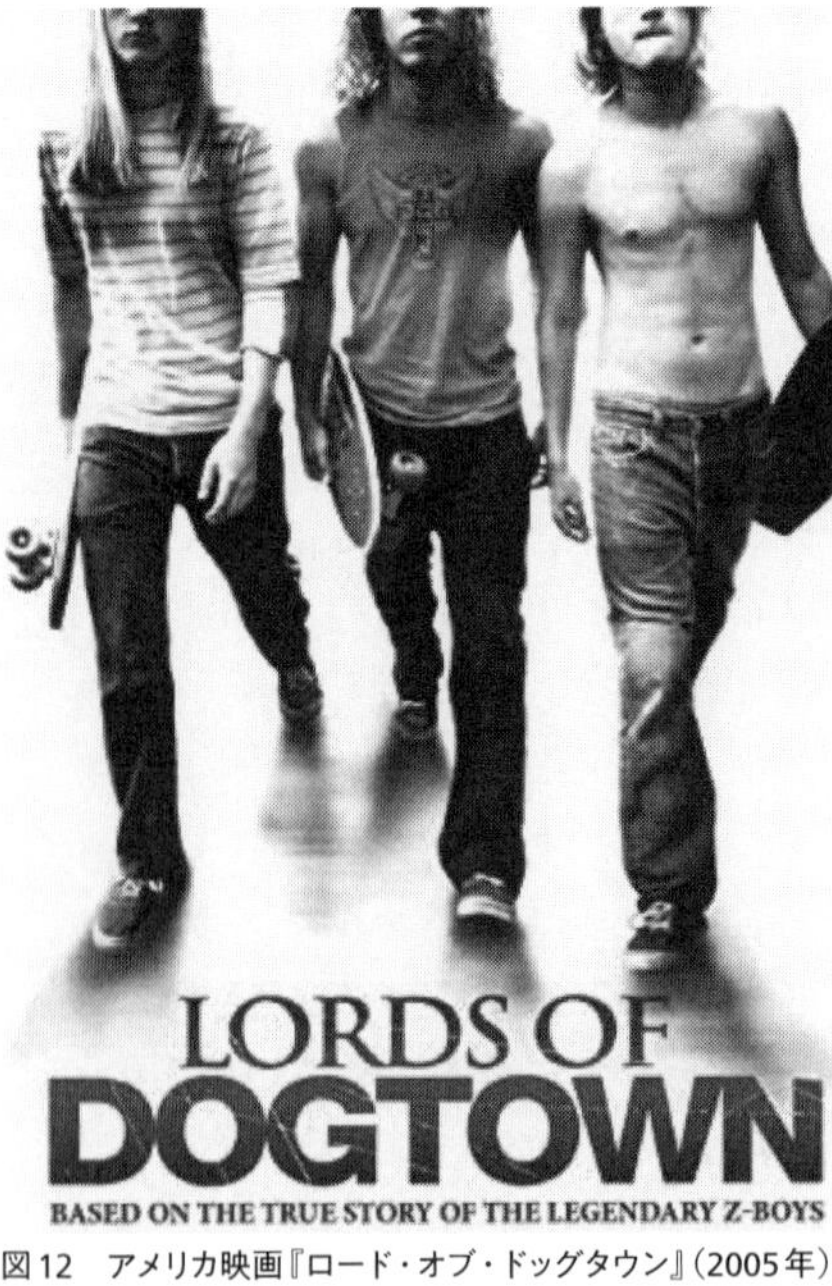

図12　アメリカ映画『ロード・オブ・ドッグタウン』(2005年)。
Z-Boysの実話に基づいたフィクション作品で、1970年代にZ-Boysとして活動した主要メンバーが脚本、スケートボード指導など製作に携わっている。(発売：ソニーピクチャーズエンタテインメント)

くことに挑み、それができるようになると、頂点に乗っていられる時間の長さや、頂点までたどり着ける速さを争いあったのです。そして、ついには壁の頂点を越え、片手でスケートボードを掴みながら空中でひねり、壁側へ戻る技が生み出されました。「フロントサイド・エアー」です。一九七七年の秋、Z-Boysのメンバー、トニー・アルヴァが、サンタモニカにあるキドニー型プール「ドッグボウル」で成功させた「フロントサイド・エアー」が、空中で繰り出された初めてのスケートボードの技として記録に残っています。

一九七〇年代後半、スケートボーディングは商業的な面も含め、世界的なブームとなり各地にプールライディングを可能にする「ボウル」と呼ばれるすり鉢状のセクションを持つスケートパークが作られました。しかし、一九七〇年代に作られた多くのスケートパークは、短期間で閉鎖に追い込まれます。その背景には、スケートボード人気の陰りだけでなく、とりわけアメリカでは、訴訟の問題もあったと言われています。スケートパークの所有者や経営者は高額な保険料を支払っていましたが、金銭的利益を見込んで怪我などに対する損害賠償を請求する利用者からの訴訟に苦しめられ、結果、廃業するパークもありました。カリフォルニア州はスケートパークが利用者から訴えられることを防ぐため、スケートパーク側の責任を制限するための法的規定などを設けましたが、それは一九九〇年代後半になってのことです。一九八〇年代、スケートパークが無くなることはありませんでしたが、その数は激減しました。同時に、スケートボーダーたちが滑る場所も多様化していったのです。

パークからストリートへ

一九八〇年代、スケートボーディングは、都市の路上を中心に新たな発展を遂げてゆきました。ここに、スケートボード大会におけるもうひとつの種目「ストリート」の原点があります。一九八〇年代、スケーターたちは、路上にすでに存在しているものを利用して楽しむことを追求し始め、結果としてスケートボードの遊び場が、郊外のスイミングプールやスケートパークのみならず、都市の市街地へも広がってゆきました。

滑る場所が異なれば、滑り方も変化します。とりわけ、スケートボードをするために作られた「パーク」の滑走面は曲面ですが、都市の路上は平面で、車道と歩道を分ける縁石など段差や障害物も多くあります。そのため、スケートボードで街をスムーズに滑り続け、路上にあるものを使って遊ぶためには、飛び越えたり、飛び乗ったりする技術が求められました。興味深いことに、その際に発達した技が、今日スケートボーディングにおいて最も重要な動きのひとつとされている「オーリー」です。「オーリー」とは、てこの原理を応用した動きで、まず後ろ足で板の後方（テール）部分を地面に叩きつけ、その反動で浮いた板の前方（ノーズ）に前足を移動させることで後方を含む板全体を地面と平行に空中に浮かび上がらせ、障害物を飛び越えたり、障害物に飛び乗ったりする技です。手で板を摑んでいないため、まるで板が足に吸い付いているかのように見えるトリックで、原型は一九七八年に、フロリダのプロ・スケーター、アラン・ゲルファンドが完成させました。ゲルファンドのあだ名が「オーリー」だったことから、技には彼の名前がつけられました。注意したい点は、ゲルファンドは当時、曲面を持つスケートパークのボウルで「オーリー」を生み出していたということです。その技を平らな路上で成功させ発展させた人物が、同じくフロリダ出身でプロ・スケーターのロドニー・ミューレンでした。ミューレンは一九八〇年代に、この「フラットランド・オーリー」のみならず、それまで曲面の「パーク」で行われていた技を平面の「ストリート」に融合させ、数多くの新たな技として再構築し、ストリート・スケートボーディングを発展させました。

そしてもうひとり忘れてはならない人物が、マーク・ゴンザレスです。彼は、階段の手すりをスケートボードで滑る、という技を最初に成功させました。一九六八年ロサンゼルス郡サウスゲイトで生まれたゴンザレスは一三歳からスケートボードを始め、三年後の一九八四年には一六歳でスケートボード専門雑誌スラッシャー・マガジンの表紙に登場しています。当時ゴンザレスをサポートしスケートボードを提供していた人物は、プロとして初めて自身のスケートボード製造販売会社を立ち上げていた「フロントサイド・エアー」の生みの親、Z-Boysのトニー・アルヴァでした。ゴンザレスのように、路上にあるものを利用して技を見せながら滑ることに一九八〇年代のスケーターたちは夢中になりました。

こうして現在に至るまで、スケーターたちはオーリーの習得に励み、オーリーを応用しながら路上で新たなトリックを追求しています。スケートボード種目「ストリート」の競技場に、手すりや階段などの障害物が配置されている背景には、このようなストリート・スケートボーディングの歴史があったのです［図13］。

スケートボードとフリースタイル・スノーボードの共通点

それでは、スケートボードがスノーボードに与えた影響を、フリースタイル・スノーボード種目である「ハーフパイプ」と「スロープスタイル」を実例に、整理してみましょう。まず、スノーボードの「ハーフパイプ」は、半円筒状の曲面を往来し滑り降りながら、壁のリップと呼ばれる頂点を越えて空中での技を競い合う競技です［図14］。この滑り方は、壁をほぼ垂直（ヴァーチカル）にのぼるスケートボーディングの「プールライディング」と共通しています。スケートボードにおける初の空中技「フロントサイド・エアー」同様に、スノーボードのハーフパイプでも「壁の頂点を越えた空中」で技を競い合います。では、もうひとつの種目スノーボード「スロープスタイル」は、どうでしょうか。「スロープスタイル」は、コース上に設置されたレールや障害物なども使用し滑りながら繰り出す技を競い合う競技です［図15］。この滑り方は、路上で手す

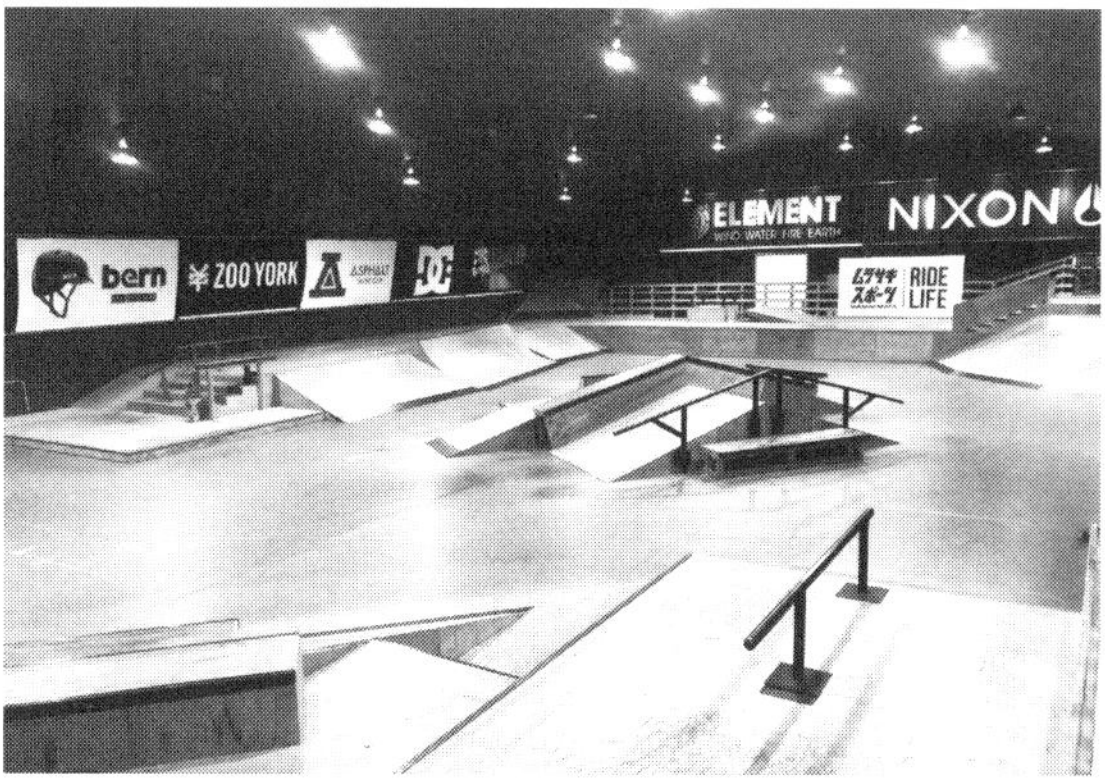

図13　スケートボード「ストリート」の大会も行われるムラサキパーク東京
（提供：（株）ムラサキスポーツ）

りやベンチなどを使って滑るストリート・スケートボーディングと共通しています。二〇一四年ロシア・ソチ冬季オリンピックの「スロープスタイル」では、巨大なマトリョーシカが障害物としてコースに設置され、そのマトリョーシカを飛び越えたり、スノーボードで軽く叩いたり（タップ）しながら滑走する選手もいました。スロープスタイルのコースには基本的に、レールやボックスなど「ジブ・アイテム」と呼ばれる人工物と、「キッカー」と呼ばれるジャンプ台が複数設置され、空中技を競うセクションもあります。

概して、フリースタイル・スノーボード種目の成立背景にあるスケートボードからの影響は、このように滑るコースや滑り方の共通点に注目することで、浮き彫りになります。しかし歴史を振り返ってみると、スノーボードは初めからフリースタイル主導で発展したわけでは決してありません。バートンが本拠地を置く東海岸のスノーボード文化では、スピードを重視するレースが主流でした。そ

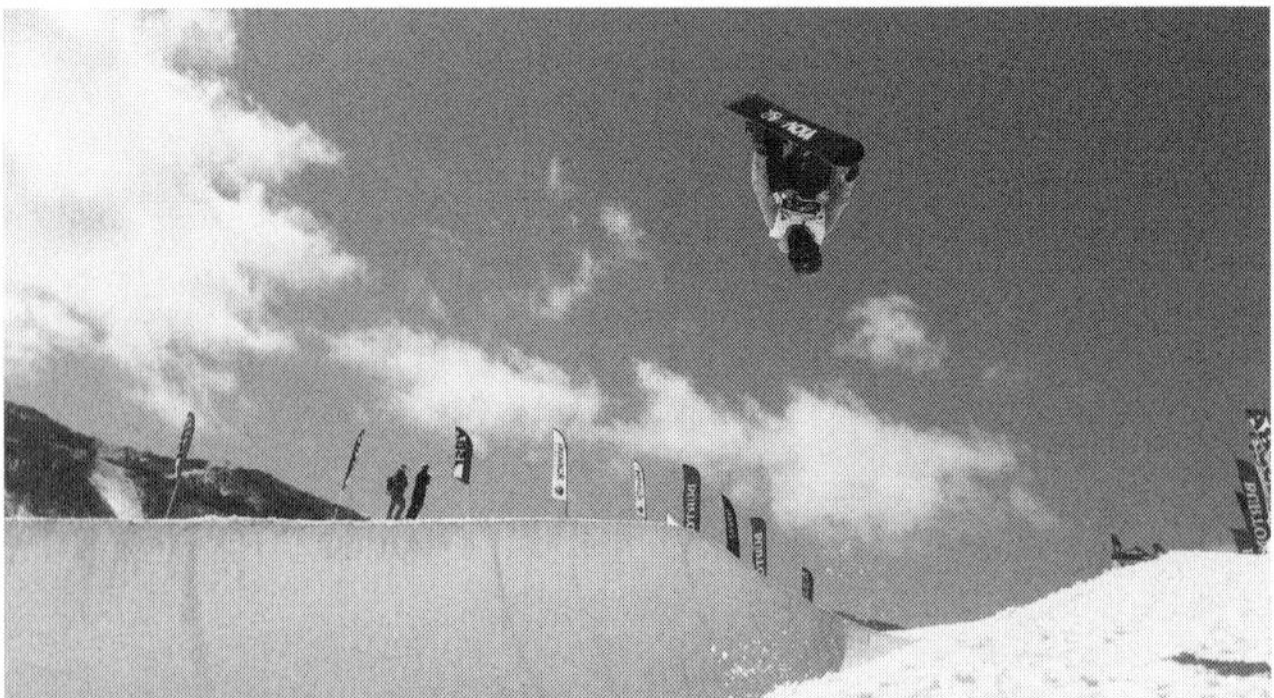

図14　半円筒状の曲面で行う「ハーフパイプ」
（提供：全日本ウィンタースポーツ専門学校）

こでは決められたコースを誰よりも速く滑り降りるアルペン・スノーボーディングが追求されたのです。一方、サーフィンが盛んでスケートボードの中心地であった西海岸カリフォルニアには、新しい「技」を生み出すことや個性的な「スタイル」で滑ることに価値を置くボード文化が、スノーボード誕生以前からすでに存在していました。当然、この価値観は、西海岸のスノーボード文化にも引き継がれ、結果としてフリースタイル・スノーボーディングが生まれ発展したのです。

スノーボード創成期、スピードレースが主流だったスノーボード界に、西海岸スケートボードのスタイルを持ち込み、一九八三年、世界で初めてハーフパイプ種目を行うスノーボード大会を主催した人物がトム・シムスです。シムスの功労は、フリースタイル・スノーボーディングの成立過程において極めて大きなものでした。

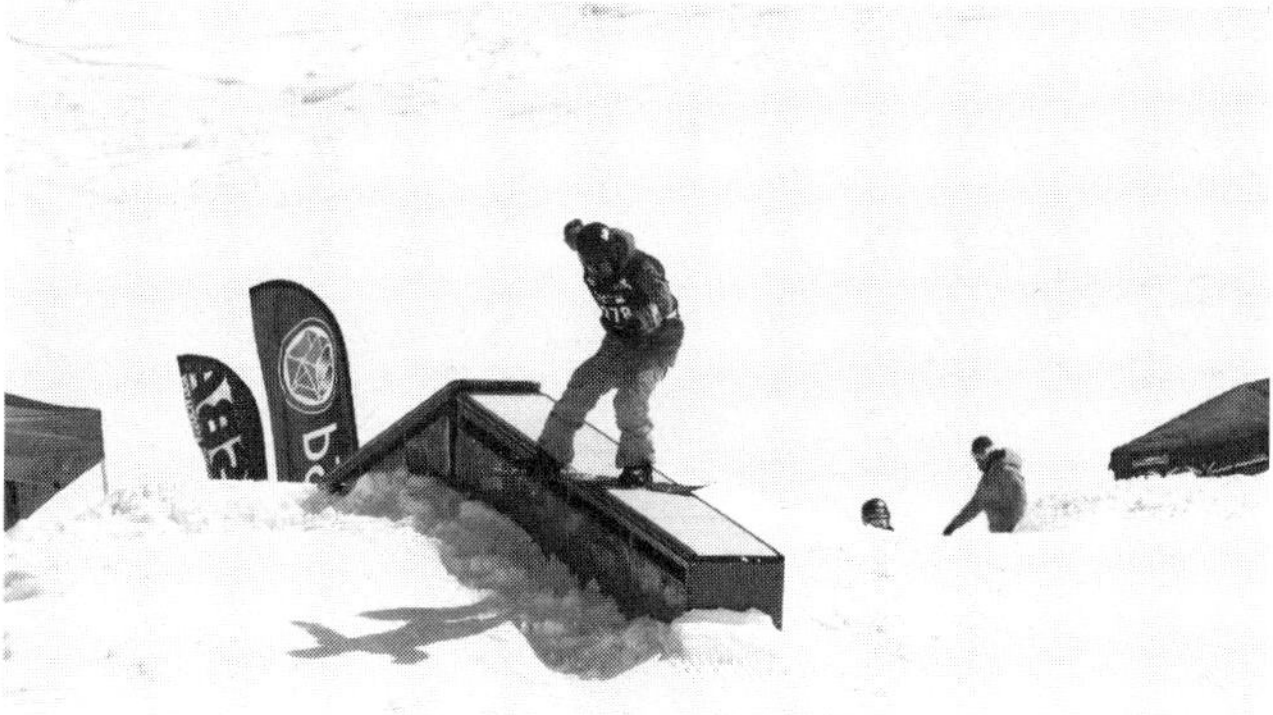

図15　障害物とキッカーを使う「スロープスタイル」
（提供：全日本ウィンタースポーツ専門学校）

雪用スケートボードを発明したトム・シムス

トム・シムスは一九七〇年代から西海岸を拠点に活躍しましたが、幼少期は東海岸ニュージャージー州ハッドンフィールドで暮らしていました。彼が最初にスケートボードと出会ったのは一九六〇年、九歳のとき。夏休みを利用して西海岸カリフォルニア州ロサンゼルスに住む祖母の家に遊びに行くと、家の前で子供たちがスケートボードに乗っていたのです。「あれをやってみたい！」。当時、シムスが住む東海岸でスケートボードは、まだ流行していませんでした。そこで、シムスは地元の友達にスケートボードの存在を知らせ、時間があればいつでもスケートボードで遊び、西海岸のスケーターたち同様に、ローラースケートの車輪を転用して自分でスケートボードを作るようになりました。その年の冬からはスキーも始めたそうです。しかし雪が降るとスケートボードができなくなってしまうことが当時の彼にとって大きな問題でした。

　しかし、その問題は数年後、シムス自身によって解決されます。一三歳のとき、シムスは学校の木工授業の課題として、雪の上でも滑ることができるスケートボードを作ることにしたのです。滑りやすいよう底には金属を、表面には足が滑り落ちないよう自転車用チューブを使ったストラップをつけ、「スキーボード」と名付けました[図16]。シムスはこの課題作品について「スキーもスケートボードもしていたので、ふたつを合体させた。それに、スキーボードという名前なら、地元のスキー場に持って行ってもコースを滑らせてもらえるんじゃないか、と思ってね。実際には、そうはならなかったけれど」と述べています。当時、スキー以外の用具でコースを滑走できるスキー場は、ほとんどありませんでした。シムスが手作りのスキーボードを完成させたのは一九六三年で、シャーマン・ポッペンがスナーファーを思いつく二年前のことです。

　スケートボードに夢中になったことがきっかけでスキーボードを作った三年後、一六

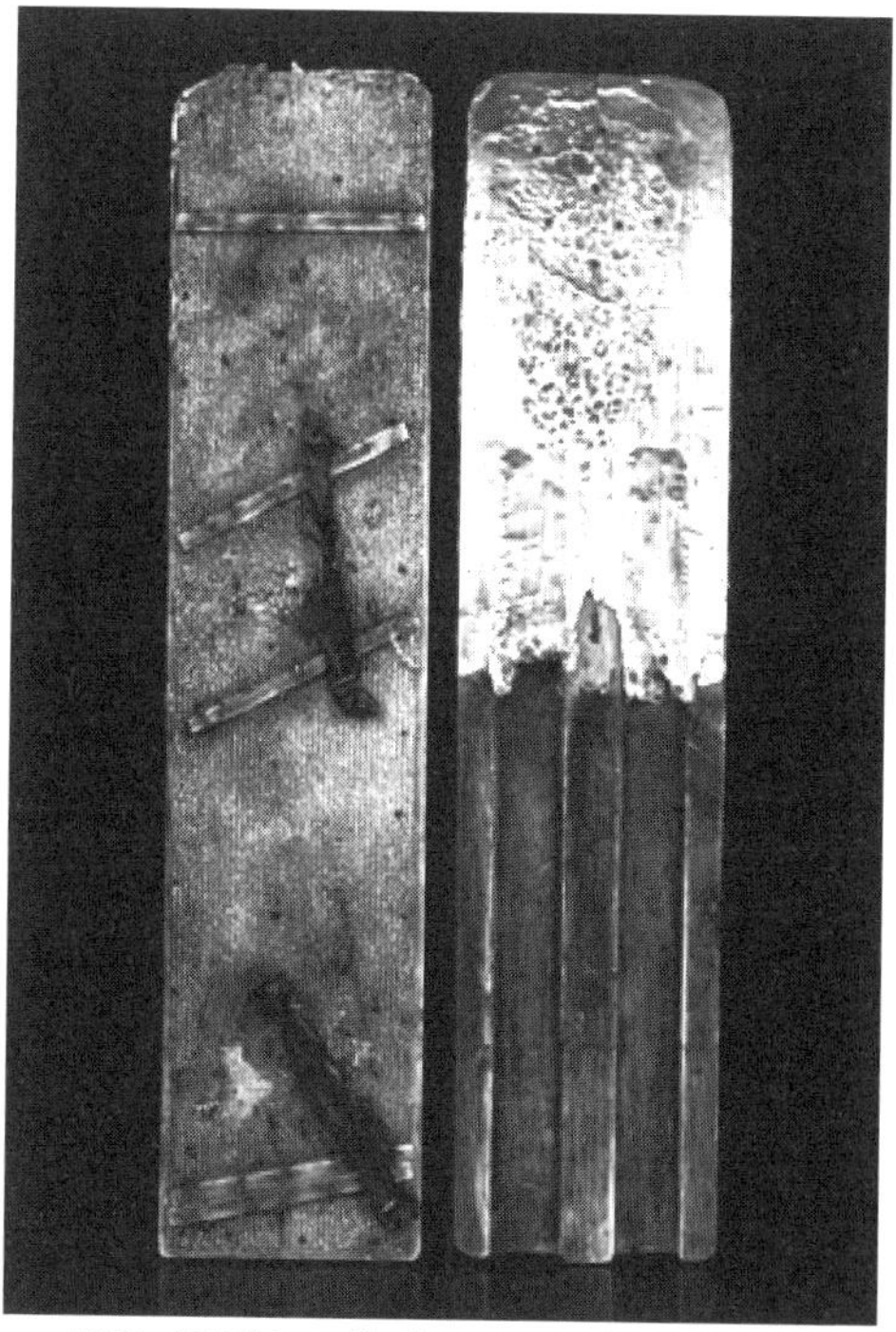

図16　1963年、13歳のトム・シムスが自作したスキーボード（SIMS SNOWBOARDS JAPAN HPより）

歳のシムスは突然サーフィンに興味を持ち、海に通い始めます。そしてスケートボードを始めたときと同様、すぐに既存のボードに乗るだけでは物足らなくなり、サーフボードの自作も始めました。こうしてサーファーにもなったシムスですが、雪のことを忘れたわけではありません。ある日、サーファーのマイク・ドイルが開発に携わった「モノスキー」の存在を知ると、「自分のスキーボードは、短すぎた！」と実感し、新たな「スキーボード」の製作に取りかかります。ちなみにドイルによる「モノスキー」とは、通常のスキー板の幅を広くした一本のスキー板で、両脚を揃えて前向きに乗る用具でした。一〇代後半のシムスがサーファーの視点も取り入れ完成させた新たな「スキーボード」は、長さが約一五〇センチあり、サーフボードと同じ材質で作られていました。ニューハンプシャー州のホーソーン・カレッジに在籍していた一九歳の頃には、雪があるときはいつでも、自作板に乗って雪上を滑っていたそうです。

　一九七〇年代に入ると、シムスはカリフォルニア州サンタバーバラに引っ越します。二〇歳を若干過ぎた頃のことでした。サーフィンとスケートボーディング中心の生活を望む若者にとって、ふたつのボード文化の中心地であるカリフォルニア以上に魅力的な場所はなかったことでしょう。サンタバーバラを拠点に、シムスはスケートボードの製造販売を小規模で始めます。しかし、その目的は、ビジネスを展開して稼ぐというより、生活をするためでした。多くの時間をサーフィンとスケートボーディングに費やし、技を磨き、シムスを中心としたスケートボードチームがサンタバーバラで結成されました。やがて一九七〇年代中頃になると、カリフォルニアのスケートボードシーンが注目を集めるようになり、突如としてスケートボードブームが起きます。その中心的な存在は、すでに取り上げたスケーターチームZ-Boysでした。Z-Boysの拠点は、サンタモニカからベニス地域のドッグタウンと呼ばれたエリアで、ドッグタウンのスケーターはシムス曰く「バッドボーイな雰囲気」を漂わせていました。対して、サンタバーバラを拠点とするシムス・チームはシムス曰く「ソウルフルなサーフスケーター」で、ふたつのチームは同じスケートボーダーでありながらも、それぞれ異なる独自のファッションや滑り方をしていました。

一九七六年、シムスはワールドスケートボードチャンピオンシップで優勝し、同年にシムス・スケートボード社を立ち上げます。起業以前からすでに「ＳＩＭＳ」というブランド名で、サーフィンの感覚を体感できるロングスケートボードや、スケートボード表面専用の滑り止め、ウィール用の凹みがあるスケートボードなどを開発し販売していましたが、会社組織にした年には、ドイツのチームと組んでスケートボードウィールのために設計された世界初の精密ベアリングを発売。革新的な商品開発で、当時シムス・スケートボード社はスケートボード業界のパイオニアでした。

同時にシムスは、雪用ボードの製品化も進め、一九七七年には合成樹脂のボード上にスケートボードを乗せたスキーボードを七九ドル九五セントで市場に投入します。通称「フライングイエローバナナ」とも呼ばれたこの製品に取り付けられたスケートボードは、シムス・チームのプロスケートボーダー、ロニー・トフトのシグネチャーモデルでした。そのためスケートボーダーの興味関心を引き、彼らを雪上へと向かわせる誘因にもなりました。スキーボードは売れるほど赤字が出るという採算を度外視した製品でしたが、シムスはビジネスとしての成功よりも「新たな冬のスポーツ」を世に送り出すことに意義を見出していたのです［図17］。

そして六年後の一九八三年、シムスは世界で初めてハーフパイプ種目を行うスノーボード大会を主催します。実は、この大会の開催をシムスに決断させた要因には、ある少年たちとの出会いがありました。「ある少年たち」とは、一九七九年の冬、西海岸の積雪地帯タホ市で、偶然なのか必然なのか、自然にできあがっていた「雪のハーフパイプ」を発見し遊び始めたノース・タホ高校に通う生徒たちです。彼らは、サーファーでありスケーターでありスノーボーダーでもありました。雪のハーフパイプでスケートボーディングに裏打ちされた動きを繰り広げる一〇代の少年たちを見て、シムスは「新たな冬のスポーツ」の未来を確信します。それは、スケートボーディングから影響を受けたスノーボーディングの様式、即ちフリースタイル・スノーボーディングでした。

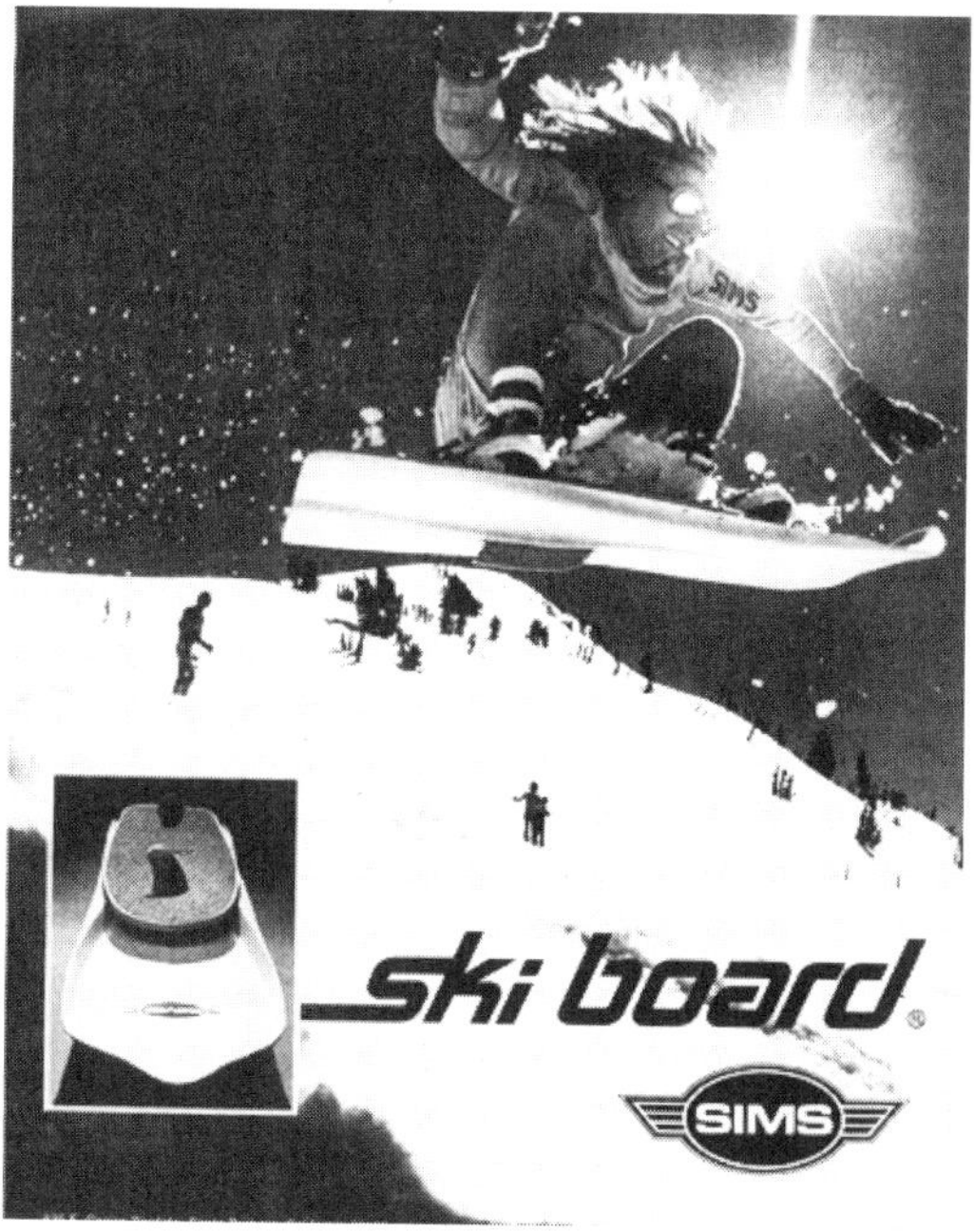

図17　SIMSスキーボードの広告（1978年）
ロニー・トフト本人が乗っている（SIMS SNOWBOARDS JAPAN HPより）

ハーフパイプとフリースタイル・スノーボーディング

温暖な気候の印象が強い西海岸カリフォルニア州ですが、雪の降り積もる地域も存在します。とりわけ、カリフォルニア州とネバダ州の境、標高一九〇〇メートルに位置するタホ湖周辺は積雪量が多く、スキーリゾートとして有名な地域です。一九七九年の冬、ノース・タホ高校に通うマーク・アノリクは、雪の積もったタホ市内を歩き回っていました。その目的は、ボードで滑って遊ぶことができる場所を探すこと。当時、スキー場ではスキー以外の用具での滑走が禁止されていたので、滑る場所を自分たちで見つける必要があったのです。ある時、アノリクが市のごみ捨て場の方を見ると、奥に谷のようになっている場所があることに気づきました。それは、まるでハーフパイプのような形で、雪が積もったことで自然にそうなっているようでした。アノリクは、すぐにその存在を友達に知らせ、彼らは新しい遊び場に「タホ・シティー・パイプ」という名前をつけると、そこで滑り始めました。当時、彼らが使っていたボードは、金具を取り外したスケートボードデッキや、玩具メーカー「コレコ」が販売していたスナーファーのような形をした合成樹脂の「コレコ・ボード」などで、中には高価なウィンタースティックを持っている者もいました。東海岸と異なり西海岸でスナーファーは、あまり流通していなかったようです。

最初にタホ・シティー・パイプで滑り始めたメンバーのほとんどは、ノース・タホ高校の生徒でした。高校の規模が小さいこともあり、学年を超えて友人になると一緒にスケートボーディングやサーフィンをして遊んでいたそうです。このグループの中に、後に「フリースタイルの父」と呼ばれるテリー・キッドウェルもいました。スケートボーダーだったキッドウェルは、スケートボーディングの技を応用しながら、タホ・シティー・パイプで試行錯誤を重ねていたようです。

そして、出会いのときが訪れます。知人からタホ・シティー・パイプの存在と、そこで滑っている少年たちのことを聞いたトム・シムスが、ある日、開発中のボードを何枚も車に積み込んでタホ・シティー・パイプへとやってきたのです。シムスは、キッドウェルの卓越したトリックの数々に驚き、即座に自分のチームに入るようスカウトしました。そして数年間にわたって、試作ボードやバインディングをタホ・シティー・パイプに持ち込むと、シムスはキッドウェルを始めとするシムス・チームのメンバーや地元のスノーボーダーたちと共に試走を繰り返し、用具の開発を進めていったのです［図18］。

興味深いことに、シムスとタホ・シティー・パイプの少年たちとの出会いは、後のスノーボード界の発展に大きな影響を与える「ふたつの誕生」につながってゆきます。ひとつは、世界初のスノーボード・ハーフパイプ種目の誕生です。

シムスは、キッドウェルが繰り出す「スケートボードの技をスノーボードに融合させたトリック」の数々を見て、「技」を競い合う種目の必要性を実感したと言います。当時のスノーボード大会では、「速さ」を競うアルペンスタイルのスピードレース種目だけが行われていました。そこに「技」を競うハーフパイプ種目を新たに導入することで、世界初のフリースタイル・スノーボーディング種目を含む大会を実施しようとしたのです。もうひとつは、フリースタイル・スノーボード用「板」の誕生です。シムスはチームメンバーになったキッドウェルと、こんな約束をしていました。「もし、君がワールド・スノーボーディング・チャンピオンシップで優勝したら、フリースタイルのシグネチャーモデルのボードを作ろう」。当時は、スピードレースが主流だったため、

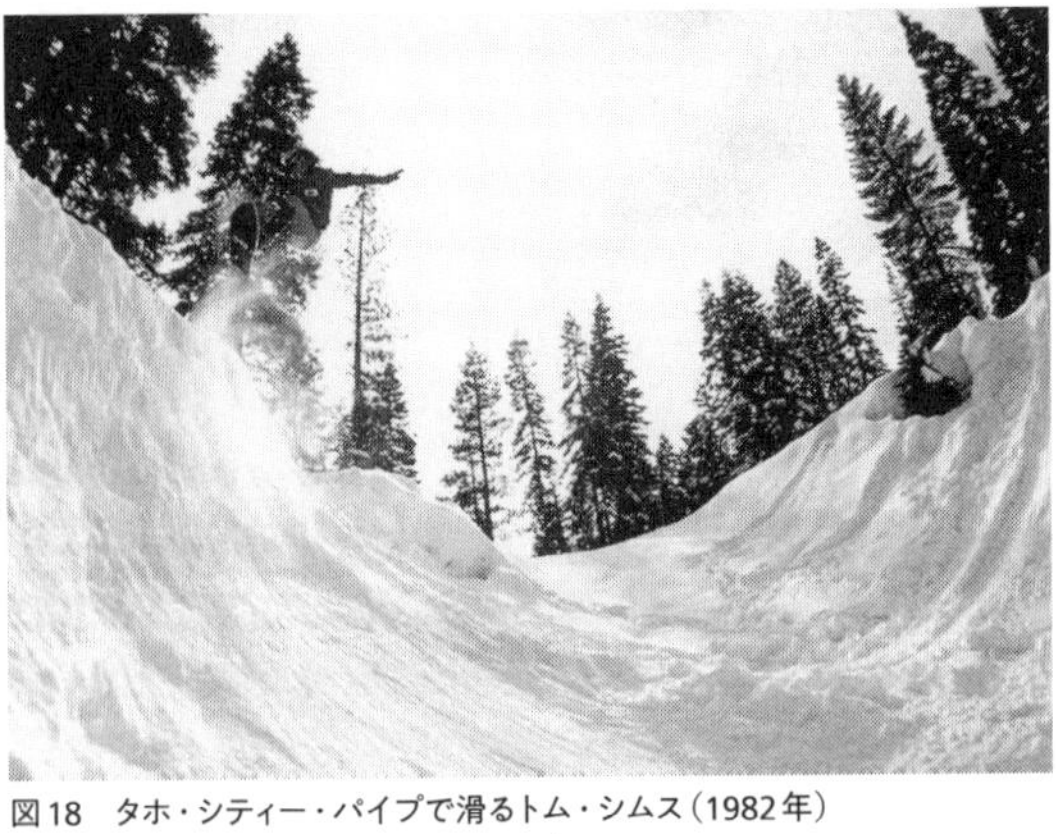

図18　タホ・シティー・パイプで滑るトム・シムス（1982年）
（SIMS SNOWBOARDS JAPAN HPより）

ボードは一方向に進むことを前提にした形をしていました。しかし、ボードが逆の向きにも進むことができる形状であれば、ライダーの動きの自由度は増します。シムスは、ハーフパイプを始めとする空中技を競うフリースタイル種目を発展させるため、そして、キッドウェルの名前を広く世間に知らせるためにも、彼の名前をつけたフリースタイル種目に相応しいスノーボードを作りたい、と考えたのでしょう。

　こうしてシムスは、少年たちとの出会いから数年後、一九八三年三月二六、二七日に、念願だった世界初のハーフパイプ種目を導入したスノーボード大会、The World Snowboarding Championships をカリフォルニア州ソーダ・スプリングスで開催します。ブルドーザーとショベルを使って作り上げたハーフパイプは、残っている写真を見ても、途中に曲がっている箇所があるなど完璧な半円筒からは程遠いものです。しかし、西海岸のスケートボード文化を反映させた「技で競う」という新しいスノーボード種目を世に送り出すことで、フリースタイル・スノーボーディングの可能性を示しました。そして、キッドウェルは翌年、一九八四年の大会でワールドチャンピオンになりました。シムスは約束通り、キッドウェルの名前をつけたフリースタイルボードを一九八五年にシムス・スノーボード社から発表します。「ラウンドテイル」と名付けられたこのボードは、世界初のフリースタイルに特化したプロライダーのシグネチャーモデルでした「図19」。今日、スノーボードを扱うスポーツ用品店に並んでいるほとんどの板は、フリースタイル・スノーボード用ですが、初期の一枚は、こうしてシムスによって、生み出されたのです。

シムスはまた、メディアを通して、スノーボーディングの存在を広く世間に知らせました。代表的なものは、一九八五年に公開され世界中で大ヒットを記録したスパイアクション映画『００７　美しき獲物たち』（*A View to a Kill*）です。この中でシムスは、爆破されたスノーモービルの破片をスノーボードのように使い、雪の急斜面を華麗に滑り降り、最後には水面をも滑って逃げ切るジェー

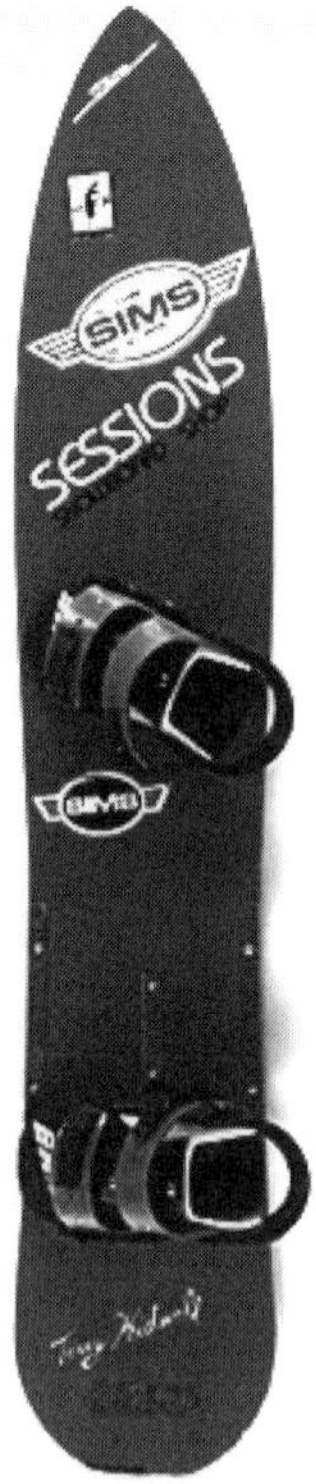

図19　Kidwell Round Tail Pro-Model（1985年）
（SIMS SNOWBOARDS JAPAN HPより）

ムズ・ボンドのスタントを務めています。加えて、一九八七年には、テリー・キッドウェルとクレイグ・ケリーを含む当時シムス・スノーボード・チームに所属していたメンバーが、チューイングガム「Juicy Fruit」のテレビコマーシャルに起用されています。空中でグラブを決めながら次々と滑り降りてくるライダーたちの姿から始まり、空中での三六〇度回転、雪の壁を登り片手で逆立ちするハンドプラントと呼ばれる技など、フリースタイル・スノーボーディングならではの動きが、真っ赤なキッドウェルのシグネチャーモデルのボードを装着する足元やチューイングガムを口に入れる女性といった映像と共に流れています。

映画「００７シリーズ」は著名な大衆映画であり、チューイングガム「Juicy Fruit」は世界最大手のチューイングガムメーカー、ウィリアム・リグレー・ジュニア社の人気商品です。一九八〇年代後半に、大規模な予算が組まれ商業的な成功が期待される映画やテレビコマーシャルにスノーボードが登場している事実は、この時期、スノーボードが注目に値する「新たな冬のスポーツ」として、マスメディアに認知されていたことを意味するでしょう。

スラッシャー・マガジンの中のスノーボード

スノーボードは、概してスケートボードの要素を導入することで「フリースタイル」という新たな側面を獲得しました。言うなれば、兄に当たるスケートボードの特性を受け継ぎ、弟であるスノーボードが応用を加えながら成長していった関係です。では、スケートボードの世界は、新しく現れたスノーボードという存在を、当時どのように見ていたのでしょうか。興味深いことに、一九八一年に創刊された米国のスケートボード専門月刊誌スラッシャー・マガジンの中に、スノーボード関連の記事や広告が複数存在しています。スノーボード専門雑誌が創刊されるのは、スラッシャー・マガジン創刊の四年後、一九八五年のことなので、八〇年代前半に掲載された記事は、スケートボードの世界から見た初期スノーボードの様子を垣間見られる貴重な資料と言えます。

スラッシャー・マガジンは、一九八一年一月にスケートボードを専門に扱う月刊誌としてサンフランシスコで創刊されました。日本でもTHRASHERロゴの入った衣類や雑貨が販売されていますが、そもそもロゴ入りTシャツは、雑誌の販売を促進するための手段として創刊号の誌面で通信販売されたことが始まりで、当時はTシャツ一枚六ドル九五セントだったようです。

スノーボードがスラッシャー・マガジンに初めて取り上げられたのは、一九八二年一一月号の「ショー・ケース」という一ページの商品紹介コーナーでした。二分割された上段にはヘルメットが、下段には、次のように始まる文と共にスリッカー社のスノーボードの写真が掲載されています［図20］。

スリッカー・スノーボード・デッキ

冬の初雪を見て、地下室や車庫で三ヶ月滑ることに到底満足できない筋金入りのスケーターたちは、この新しいスリッカー社のスノー・デッキを試したいかもしれない。

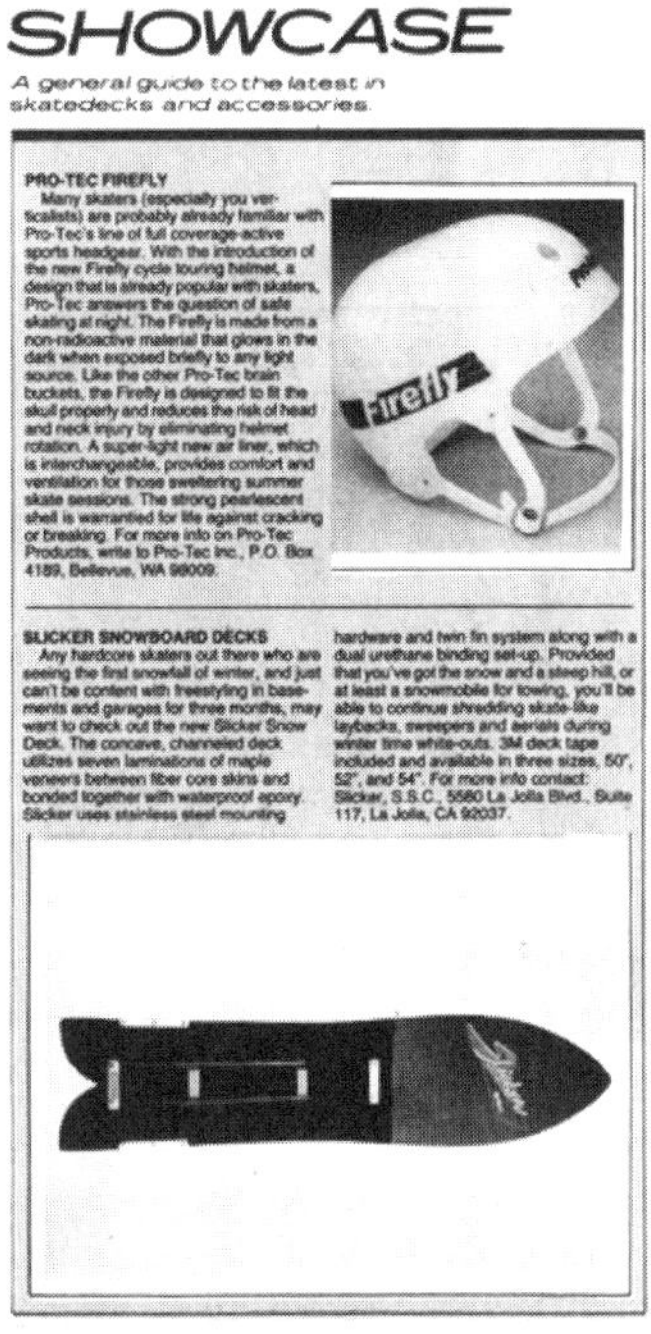

SHOWCASE

A general guide to the latest in skatedecks and accessories.

PRO-TEC FIREFLY

Many skaters (especially you verticalists) are probably already familiar with Pro-Tec's line of full coverage-active sports headgear. With the introduction of the new Firefly cycle touring helmet, a design that is already popular with skaters, Pro-Tec answers the question of safe skating at night. The Firefly is made from a non-radioactive material that glows in the dark when exposed briefly to any light source. Like the other Pro-Tec brain buckets, the Firefly is designed to fit the skull properly and reduces the risk of head and neck injury by eliminating helmet rotation. A super-light new air liner, which is interchangeable, provides comfort and ventilation for those sweltering summer skate sessions. The strong pearlescent shell is warrantied for life against cracking or breaking. For more info on Pro-Tec Products, write to Pro-Tec Inc., P.O. Box 4189, Bellevue, WA 98009.

SLICKER SNOWBOARD DECKS

Any hardcore skaters out there who are seeing the first snowfall of winter, and just can't be content with freestyling in basements and garages for three months, may want to check out the new Slicker Snow Deck. The concave, channeled deck utilizes seven laminations of maple veneers between fiber core skins and bonded together with waterproof epoxy. Slicker uses stainless steel mounting hardware and twin fin system along with a dual urethane binding set-up. Provided that you've got the snow and a steep hill, or at least a snowmobile for towing, you'll be able to continue shredding skate-like laybacks, sweepers and aerials during winter time white-outs. 3M deck tape included and available in three sizes, 50", 52", and 54". For more info contact: Slicker, S.S.C., 5580 La Jolla Blvd., Suite 117, La Jolla, CA 92037.

図20　スラッシャー・マガジン（1982年11月号）

注目すべきは、タイトルと文中で「デッキ」という、スケートボードで「板」を指す呼び名が、スノーボードにも同様に使用されていることです。上記の文に続き、形状や長さなどの仕様も記されたこの記事は概して、スノーボードがスケートボードと同属の「板」であり、スケーターであればスノーボードでも同じような楽しみ方ができる可能性を、読者に伝えているといえます。

翌一二月号の「ショー・ケース」ページでもスノーボードが取り上げられています［図21］。この号では、「シムス・スキー・ボード」が紹介され、「トム・シムスは、比較的新しいスノーボードというスポーツを何年も前から研究し、ついに新しいモデルを完成させた」と始まり、83プロモデルと名付けられた新製品の素材や形状などを伝えています。当時は、このような新製品を扱う記事や広告の最後には度々 For more info とあり、問い合わせ

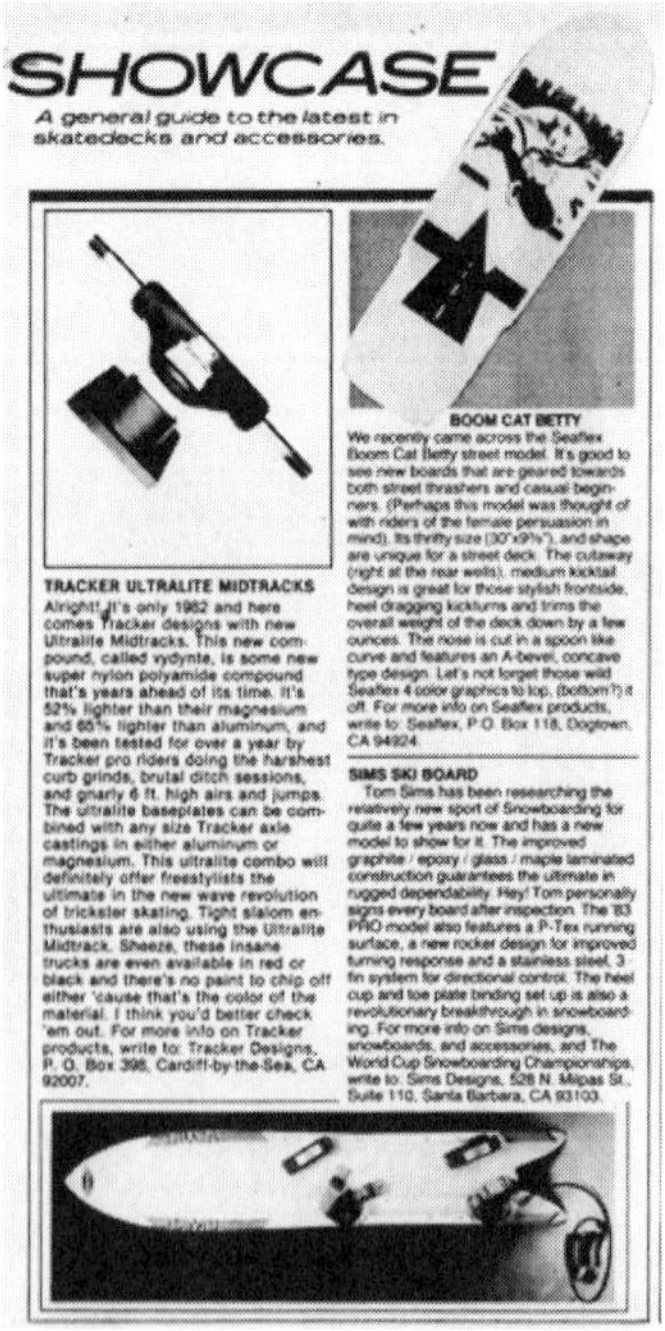

SHOWCASE

A general guide to the latest in skatedecks and accessories.

TRACKER ULTRALITE MIDTRACKS

Alright! It's only 1982 and here comes Tracker designs with new Ultralite Midtracks. This new compound, called vydynte, is some new super nylon polyamide compound that's years ahead of its time. It's 52% lighter than their magnesium and 65% lighter than aluminum, and it's been tested for over a year by Tracker pro riders doing the harshest curb grinds, brutal ditch sessions, and gnarly 6 ft. high airs and jumps. The ultralite baseplates can be combined with any size Tracker axle castings in either aluminum or magnesium. This ultralite combo will definitely offer freestylists the ultimate in the new wave revolution of trickster skating. Tight slalom enthusiasts are also using the Ultralite Midtrack. Sheeze, these insane trucks are even available in red or black and there's no paint to chip off either 'cause that's the color of the material. I think you'd better check 'em out. For more info on Tracker products, write to: Tracker Designs, P. O. Box 398, Cardiff-by-the-Sea, CA 92007.

BOOM CAT BETTY

We recently came across the Seaflex Boom Cat Betty street model. It's good to see new boards that are geared towards both street thrashers and casual beginners. (Perhaps this model was thought of with riders of the female persuasion in mind). Its thrifty size (30"x9½"), and shape are unique for a street deck. The cutaway (right at the rear wells), medium kicktail design is great for those stylish frontside, heel dragging kickturns and trims the overall weight of the deck down by a few ounces. The nose is cut in a spoon like curve and features an A-bevel, concave type design. Let's not forget those wild Seaflex 4 color graphics to top, (bottom?) it off. For more info on Seaflex products, write to: Seaflex, P.O. Box 118, Dogtown, CA 94924.

SIMS SKI BOARD

Tom Sims has been researching the relatively new sport of Snowboarding for quite a few years now and has a new model to show for it. The improved graphite / epoxy / glass / maple laminated construction guarantees the ultimate in rugged dependability. Hey! Tom personally signs every board after inspection. The '83 PRO model also features a P-Tex running surface, a new rocker design for improved turning response and a stainless steel, 3-fin system for directional control. The heel cup and toe plate binding set up is also a revolutionary breakthrough in snowboarding. For more info on Sims designs, snowboards, and accessories, and The World Cup Snowboarding Championships, write to: Sims Designs, 528 N. Milpas St., Suite 110, Santa Barbara, CA 93103.

図21　スラッシャー・マガジン（1982年12月号）

先の住所が記載されていました。「〜に関してもっと知りたい方は、こちらまで」というわけです。実は、この記事の最後には、シムス・スキー・ボードに関してのみならず、The World Snowboarding Championships に関して知りたい場合も、シムス・デザイン社に問い合わせするよう書かれています。この大会は、言うまでもなく、シムスが主催した初のハーフパイプ種目が行われた大会のことです。しかし、この記事は大会が予定されていることは伝えるものの、ハーフパイプなどを含めた種目に関しては一切触れていません。従って、大会の内容を知りたい読者は、シムス・デザイン社に手紙を書いて送っていたのでしょう。

　スラッシャー・マガジンにスノーボードがより大きく、見開きの記事として初めて登場するのは、一九八三年一月号です。「It' Snow Fun」という見出しで、以下の文が掲載されています［図22］。

> スケーターによる、スケーターのための、スケートボーディングのすべて…。おい、ちょっと待て。これは何だ？　これはスケートボーディングじゃない。（中略）スケートする路上が白い雪に攻撃された時、憐れなスケボー好きは何をする？

彼はスノーボードをする。それが、することさ。（中略）雪が降るのは、そこだけではないけれど、タホ湖の上の方でスケーターたちは、スケートボーディングの全てを尽くしてスノーボーディングをしている。例えば、ハンドプラントやインディ・エアなどなど。わかっただろ？このふたつに大した違いは無いのさ。（中略）道の端に除雪機が残したバンクをよく見ろ。それらで何をするかは、わかるよね。ハーフパイプの感覚を使える、ちょうど良い谷のような場所を見つけろ。限界は君の頭の中だ。スノーボードに行け。

この記事は、この時期、スケートボーダーの間でスノーボードがあまり知られていなかったことを明らかにします。「これは何だ？」という問いかけは、雪のパイプでトリックをする三人の姿を見たときの、読者の率直な反応を代弁した

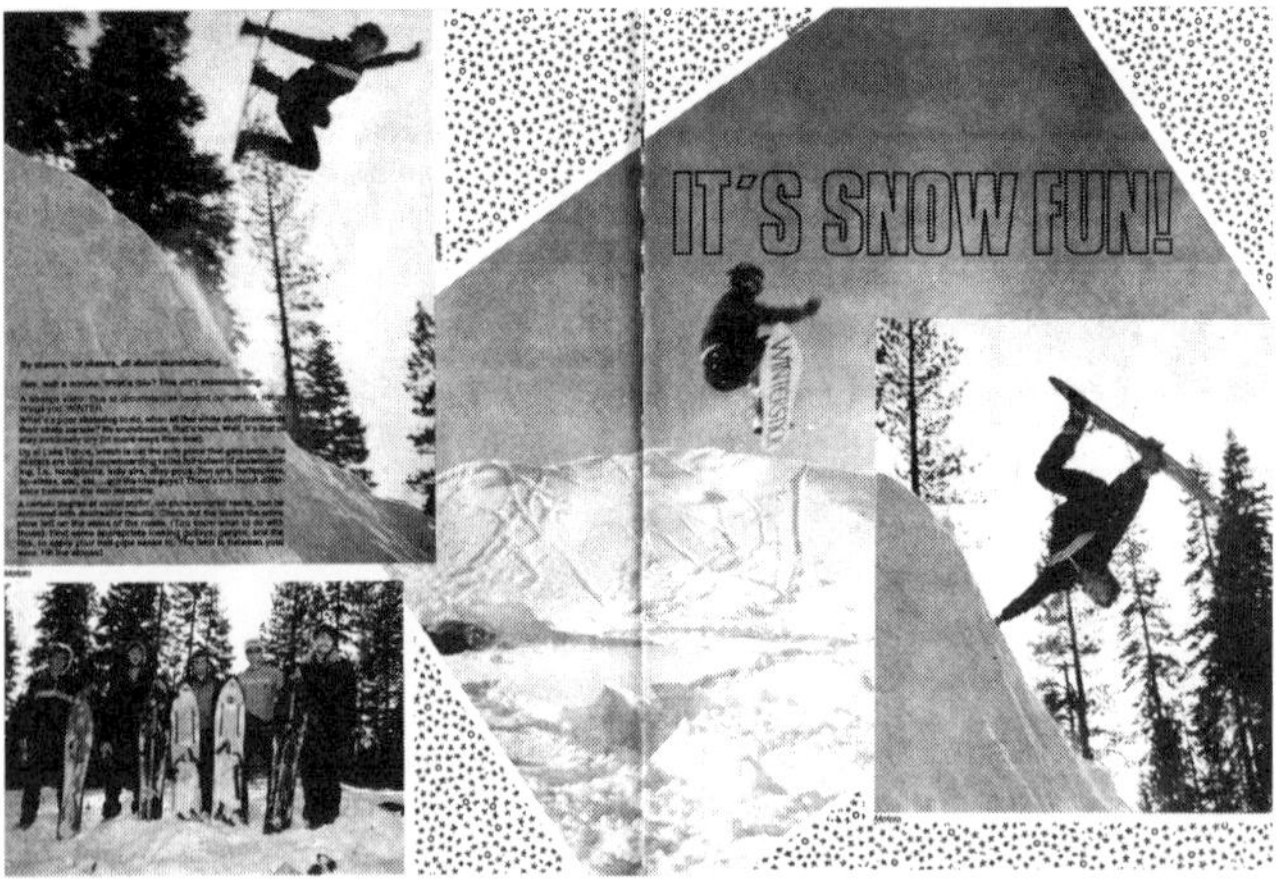

図22　スラッシャー・マガジン（1983年1月号）

ものでしょう。興味深いことに、スラッシャー・マガジンは一九八二年一一月号の商品説明と同様に、この号でもスノーボードがスケーターにとって「親しみやすい道具」であると伝えています。特に「このふたつに大した違いは無いのさ（There's not much difference between the two mediums.）」という一文は、スノーボードがスケートボードに「似たもの」または「近いもの」であることを強調します。加えて後半の「それらで何をするかは、わかるよね（You know what to do with those）」という問いかけは、読者がスケートボードに精通していることを前提に「わざわざ説明する必要も無いけれど」という暗黙の了解のもと、スケートボードのトリックを雪上で試すよう鼓舞しています。スノーボードが当時まだ目新しい道具であったことを考えると、このような提言は、興味はあるものの二の足を踏んでいたスケーターたちの背中を押したことでしょう。ところで、この写真に写る人々は誰でしょうか。残念なことに彼らに関する記述は見当たりません。しかし、一九八三年という時期、タホという場所から、彼らはシムスが共にスノーボード開発を行っていたタホ・シティー・パイプで遊ぶ少年たちのグループと考えるのが妥当でしょう。よく見るとボードに、ウィンタースティックやシムスのロゴを確認できます。

スラッシャー・マガジンは、この後一九八三年の五月号でシムスが主催した初のハーフパイプ種目を含むスノーボード大会 The World Snowboarding Championships の結果を写真入りで掲載。翌一九八四年五月号でも、前年同様に大会の結果報告をしています。そもそも、スケートボードブランドである「ＳＩＭＳ」は、スラッシャー・マガジンとの関わりが深く、シムス・スケートボード社は、創刊号から毎号欠かすことなく最後のカラーページにスケートボード製品の全面広告を出していました。そして八三年一月号以降、秋から冬にかけてスノーボードの広告も別のページで行っていたのです。一九八四年一一月号の広告では「スケーターはシムス・スノーボードを選ぶ！」という一文と共に総勢三〇名のプロを含む人気スケートボーダーの名前をずらりと並べるなど、読者の興味関心をスノーボードにも向けようとする積極的な販売促進を展開していました。ちなみに、スケートボードと接点を持たないバートン・スノーボード社も一九八三年一〇月号からスラッシャー・マガジンに定期的に広告を出すようになります。このような動きは、フリースタイル・スノーボーディングがスノーボードの新たな市場を広げる突破口として、ビジネスの面からも注目されつつあったことを明示するでしょう。

記事の話に戻りましょう。一九八〇年代前半には概ねスケートボードとスノーボードを同一視する傾向にあったスラッシャー・マガジンですが、八〇年代後半に差し掛かると、徐々に変化が現れます。一九八五年四月号に掲載された「Stoked on Snowboarding」というタイトルの記事をみてください。

> スノーボーディングは雪上でのスケートボーディングのよう、スノーサーフィン、スキーボーディング、かっこいいよね。でも、スケーターの視点から今こそ言わせて欲しい。(中略)スノーボーディングには、郊外に住む筋金入りのスケーターを彼の完璧な環境から外に引っ張り出す多くの要素がある。ただ、サーフィンはサーフィン、スキーはスキー、スケートボードはスケートボード、スノーボードはスノーボード、っていうことを素直に認めよう。そして、放っておこう。やりたいなら試せばいいし、楽しみたいなら楽しんでくれ。物足らなければ嫌いになって気にするな。そんなことを念頭において、スノーボーディングにまつわる「根拠の無い噂話」をざっと見てみよう。
>
> 噂話その1「スノーボーディングは、サーフィンのようだ」

確かに、同じ足の位置、横滑り、ボトムターン、カーヴ、タック。波はどこにある？　そう、雪山が波だ。板を麓に向けて進みラインを描く間、板は同じ状態を保つ。君を助け出す動きは無く、滑走をコントロールするのは、雪とメタルエッジの間の摩擦だ。加えて、滑り降りる坂の傾斜は、スノーボーディングの方がサーフィンよりきつい。

噂話その2「スノーボーディングは、まさにスケートボーディングのようだ」違う。間違いだ。スノーボーディングには山が必要だ。ただプッシュして歩道の縁石を削りながら滑ったり、車道を滑り降りたりはしない。君は山に行かなきゃならない。サーフィンとスケートボードは足が固定されないけれど、スノーボードは足が固定される。スケートボードとサーフボードでは、板から足を離して、板が進む方向とは違う方向に降りられる。スケートボーディングとスノーボーディングの大きな違い：もしスケートボードと同じようにスノーボードでターンすると、倒れるだろう。

> 噂話その3「スノーボーディングは、かなりスキーに似ている」
> もし君がスキー経験者なら、雪とは何か、その上でスノーボーディングするとはどういうことか、よりよく理解しているだろう。要は、雪の中でのエッジの使い方。（中略）スキーは、雪上で行う点が共通しているので、おそらく最もスノーボードに近い。大きな違いは、スキーでは板が二枚足についているけれど、スノーボードでは一枚。スキーのように転ぶたびに膝をひねりながら両足が離れることもない。そのような点でスノーボードはスキーより安全だ。

この記事のタイトルは「Stoked on Snowboarding」です。Stokedとは、嬉しくて楽しくて興奮する、という感情を表す単語なので「スノーボードで楽しくて大興奮」といった見出しでしょう。しかし、不思議なことに、本文の内容は無条件にスノーボードを賞賛したり、勧めたりするものではないのです。冒頭で、サーフィン、スキー、スケートボード、スノーボードは異なる活動であると「素直に認めよう。そして、放っておこう」と読者に呼びかけ、「スノーボーディングは、まさにスケートボーディングのようだ」という噂に対して「違う。間違いだ」と断言します。この記事の中で強調されていることは、スケートボーディングとスノーボーディングの相違点です。フリースタイル・スノーボーディングの存在が認知され始め、スラッシャー・マガジンはスケートボード専門雑誌として、「新しく登場した弟」的なスノーボードの「自立」を、この頃には感じていたのかもしれません。

第II部

スノーボードの普及と発展

1 スノーボード時代の幕開け

スノーボードの普及

スノーボーディングの歴史を、再度、駆け足で振り返ってみれば、一九六〇年代に発売されたスナーファーが一九七〇年代に流行し、やがてサーファーが雪上でのサーフィンとしてスノーサーフボードの開発を始めました。そして一九八〇年代になると、西海岸ではシムスを中心にスケートボードから影響を受けたフリースタイル・スノーボーディングが追求され、東海岸ではバートンがスナーファーを発展させたスノーボード作りに邁進していました。しかし、一九八〇年代前半、スノーボードは、まだまだ一部の熱心な愛好家だけが興味を示す用具でした。スノーボードでリフトに乗ることは許されず、たとえスキー場内で滑ることができたとしても、滑るためには板を持ってゲレンデを歩いて登らなければなりませんでした。今日では想像できない状況です。では、どのようにして、スノーボードは広く一般に普及していったのでしょうか。実は、ここには、バートン・スノーボード社を創業したジェイク・バートン・カーペンターによる取り組みがあったのです。

ジェイク・バートン・カーペンターの功績

ジェイク・バートン・カーペンターは、一四歳で出会ったスナーファーを改良してビジネスにするため、一九七七年の冬、マンハッタンでの仕事を辞めバーモント州ロンドンデリーに引っ越し会社を立ち上げます。試作を繰り返し、数年かけて販売できるスノーボードを完成させたものの、思うように売り上げは伸びませんでした。そこでバートンは、この時点においては一旦、製造業である「自分の会社の成功」よりも、「スノーボードというスポーツ」を世間に売り込むことに関心を向けました。スノーボード市場を拡大させるためには、まずスノーボードという新しいスポーツの存在を知ってもらい、スノーボードで滑ることができるスキー場を増やすことが先決だと考えたのです。

マンハッタンでコンサルタント業に就いていたバートンは交渉の専門家です。まずは小規模なスキー場から話を持ちかけ、スキー場のスタッフにもスノーボードを試してもらったりしながら、リフト乗車を認めてくれるスキー場を増やす取り組みを進めました。また、安全に滑走できるスノーボーダーであることを認定する「バートン・テスト」というチェック・テスト・システムも独自に作りました。ボードをコントロールし、人にぶつかることなく停止できるスノーボーダーを育てることは、スキーヤーの安全を確保するためにも不可欠だったのです。

加えて当時は、滑走スキルのみならず、スノーボーダーの「振る舞い」も問題視されていました。アスペン・スキーグループ会長パット・オドーネルは、その頃のスノーボーダーの様子を「彼らへの偏見があったと思う。不良のイメージが先行していたが、そう思われても仕方がない面もあった。態度も行儀も言葉遣いもひどかった」と、スノーボード・ドキュメンタリー映画『ファースト・ディセント』（*First Descent*）（二〇〇五年）の中で回想しています。スキーヤーに比べて、スノーボーダーは圧倒的に若かったこともあり、啓発は急務でした。そのため一九八四年には「スノーボードアライアンス」という同盟が結成され、スキー場におけるスノーボーダーの行動指針が「スノーボーダー・ユーザー・ガイドライン」として提示されています。一部を紹介しましょう。

- スノーボードは足に固定できるものであること
- スノーボードには、流れ止めを必ずつけること
- スキー場に行く前に、スノーボード用具の使い方を理解しておくこと
- リフトの乗り降りは、スキーヤーの流れを止めないように行うこと
- 初心者のスノーボーダーは、スキー場の初心者コースのみで滑ること

そして最後には、次のような文も添えられています。

このようなルールはスノーボーダーだけでなく、スキーヤーも守るべきものです。

しかし、スノーボードは生まれて間も無いことから、スノーボードに対して懐疑的な見方がされています。スキーヤーがスキー場のルールを破った場合、リフト券を

取り上げられたりするでしょう。スノーボーダーがルールに従わなければ、同様の制裁を受けるだけでなく、そのスキー場はスノーボードの使用そのものを禁止してしまう可能性もあるのです。実際、そのようなことは起きています。もし、あなたがスノーボードを楽しめている地元のスキー場で、そんなことが起きてしまったら？　このガイドラインは、保守的にスノーボードをしなさい、と言っているわけではありません。コントロールしながらでも、自由に好きなようにスノーボードを楽しむことはできます。

このガイドラインは、米国で一九八五年二月末に創刊された初のスノーボード専門季刊雑誌 *Absolutely Radical* 創刊号に掲載されていたものです。ひとりが問題を起こせば、全スノーボーダーが出入り禁止になる可能性を伝え、スキー場が「様子見」段階にあることを強調します。この頃スノーボードは、一部の若者が夢中になっている一時的な流行に過ぎない、とも考えられていました。バートンを中心とした働きかけもあり、スノーボード滑走を認めるスキー場は少しずつ増えてはいましたが、アメリカ合衆国で一九八五年までにスノーボード滑走を許可したスキー場は、わずか七％でした。

突然の転機

米国のスノーボードを取り巻く状況は、その後の二年間で一転します。背景には、スキー場の抱えていた問題がありました。スキーの人気が一九七〇年代後半から陰りを見せ、一九八〇年代に入ると経営に行き詰まるスキー場が増えていたのです。スキーヤーが減少する中で、スノーボーダーを受け入れたスキー場は、リフト券の売り上げを伸ばしていました。するとスキー場の関心は、スノーボーダーの「振る舞い」よりむしろ、他のスキー場の「出方」、換言すれば、いつ、どこが、スノーボーダーの受け入れを始めるか、という同業者の「様子見」へと向かったのです。大規模で名の知れたスキーリゾートがスノーボード滑走を許可すると、その影響力は絶大でした。他のスキー場も次々と追随したのです。

スキー場にとって、スノーボーダーの登場は、ビジネスチャンスの到来を意味していました。結果として、その後の二年間で、驚くことに九五%のスキー場が、スノーボード滑走を許可したのです。他よりも多くのスノーボーダーを呼び込もうと、スノーボード専用パークを設営するスキー場も出てきました。そして一九九〇年にパイプドラゴンというハーフパイプを作るための専用重機が開発されると、各地のスキー場にハーフパイプが誕生。こうして、アメリカでは瞬く間に、スノーボードが若者の新しい冬の人気スポーツになったのです。

ビジネスに先見の明を持つバートンは、一九八四年の冬にオーストリアを訪れ、スキーの技術を応用してスノーボード生産を行ってくれる工場を探しました。そして翌年、米国バーモント州のミドルベリー大学で六週間のドイツ語集中講座を受講し準備を整えると、夫婦でオーストリアに引っ越します。そこでヨーロッパのマーケットに向けたバートン・ヨーロッパを設立、自社のスノーボードを大量生産できる基盤を築きました。一九八〇年代後半から一九九〇年代にかけて、アメリカとヨーロッパ、そして日本で、バートン本人の想像よりも遥かに速くスノーボード市場は拡大します。そこに満を持して「バートン・スノーボード」が一気に流入、マーケットを席巻したのです。多いときでは世界のスノーボード関連商品の七割をバートン製品が占めていた時期もあったといわれています。

フリースタイルとバートン

今日、フリースタイル・スノーボードのトップメーカーとして君臨するバートンですが、一九八〇年代前半までは、東海岸で主流だったアルペンスタイルのレース仕様を重視していました。そのためバートンが主催する大会で行われる種目もダウンヒル（滑降）が中心だったのです。スケートボーディングから影響を受けたフリースタイル・スノーボーディングは西海岸で発達したこともあり、当初、東海岸のバートンはスノーボード大会におけるハーフパイプ種目の必要性に懐疑的でした。しかし、フリースタイルは徐々に注目を集め、その将来性は無視できないものになってゆきます。当時のことをバートンは「フリースタイルという点で、我々が後れをとっていることはわかっていた。チームにフリースタイルのライダーが必要なことも、明らかだった」と語っています。バートンのフリースタイルボードの開発は、のちに「伝説のスノーボーダー」と呼ばれるクレイグ・ケリーがシムス・チームから電撃移籍し、研究に参加し始めたことで一気に加速しました。しかし、ケリーのシムスからバートンへの移籍は、シムスがバートンを訴えたため数年にわたる裁判へと発展、法廷ではケリーが一七歳のときにシムスと交わした契約の有効性が問われ、最終的にはバートンが勝訴しました。ケリーが開発に関わり、後にシグネチャーモデルも発売されたバートンのフリースタイルボード「ＡＩＲ」シリーズは、世界中で大人気モデルとなり、バートンはフリースタイルボードを得意とするスノーボード・ブランドとして確固たる地位を手にします。そして主催する大会、BURTON US OPENにも一九八八年の大会からハーフパイプ部門が設けられ、二年後、一九九〇年の大会からスピードレースのダウンヒル部門を完全に廃止。こうしてBURTON US OPENは、ハーフパイプを中心とするフリースタイル・スノーボーディング大会になりました。

スノーボード創成期、一旦、製造業である「自分の会社の成功」より「スノーボードというスポーツ」を世間に売り込むことに関心を向け、滑走可能なスキー場を増やすという取り組みを行ったジェイク・バートン・カーペンター。その功績は、市場の拡大と共に自らのビジネスを成功に導いたことだけにとどまりません。何より、スノーボードを世に広め、潤沢な資金で世界中の有望なスノーボーダーをサポートし、大会を主催してスノーボード界を発展させ、スノーボーディングをメジャースポーツに押し上げたこと。スノーボード創成期、この全てを成し遂げたことこそがバートンの偉業であり、

「スノーボードの父」と呼ばれる所以なのです。

2

ニュースクール・ムーブメントとスノーボード

一九九〇年代の初頭、アメリカでは、ボードスポーツに対してだけでなく、新しく登場した音楽やダンス、ファッションなどの流れに「ニュースクール」という言葉が使われ始めました。ここでの「スクール」は、もちろん「学校」という意味ではありません。「スクール」とは「流派」すなわち「様式の違いから区別される系統」を指しています。それまで主流だったスタイルは、新しい様式の「ニュースクール」が現れたことによって、「少し前の系統」となり「オールドスクール」という呼び名で括られるようになりました。

スノーボードにおけるニュースクール・ムーブメントは、一九九〇年代、アメリカのスノーボーダーたちが、スケートボードの要素をさらに取り入れ、自分たちの好きな服を着て、より自由にスノーボードで滑り始めたことに端を発しています。そしてこの現象は、スノーボード映像の商品化という波に乗り、全米や日本を含む世界各地に伝わってゆきました。その中でも現在に至るまで、ニュースクールを代表するスノーボード映像作品として語り継がれているのが、一九九三年に発売されたFall Line Filmsによる『ロードキル』(*Roadkill*)です。長さ二五分、ミュージックビデオのようなロードムービーで、この作品は単に「滑り」を見せるだけでなく、新しいスノーボード・カルチャーのイメージビデオとして機能していました。ＮＯＦＸなどメロディック・ハードコアと呼ばれるスピーディーなパンクロックが流れる中、四人の若者が一九七六年型のキャデラックに乗り込み、ゲレンデからゲレンデへと車を走らせ、到着した先々で仲間と共に、ニットキャップにパーカー、長袖Ｔシャツなどのストリートファッションのまま雪上に出てスノーボーディングを楽しむ。換言すれば、スノーボードを生活の中心に置く「ライフスタイル」に対する憧れを喚起する作品だったのです。そこに登場するライダー、テリエ・ハーコンセン、ブライアン・イグチ、ジェイミー・リンなどは人気を集め、一般のスノーボーダーたちは、彼らがビデオの中で行うトリックはもちろん、使用しているボードなどの用具にも注目し、ファッションアイテムや着こなしを真似しました。同時にプロスノーボーダーにとって「映像作品に出演する」という活動は、「大会に参加し良い成績をおさめる」という、それまで求められた役割とは異なる新しいプロフェッショナルの在り方を示しました。そして、映像などをきっかけに世界中の若者に知られるようになったプロスノーボーダーたちには、多種多様な企業からスポンサーなどを含む商業的関心が寄せられるようになったのです。

加えて、ニュースクール・ムーブメントのファッションに関して述べれば、自分の体の大きさに合う適正なサイズよりもかなり大きめな服を好んで身につける、という傾向がありました。これは元々、ニュースクールのヒップホップに見られ、西海岸のスケートボーダーたちも行い、その流れで雪上に持ち込まれ、スノーボーダーの間でも見られるようになりました。オーバーサイズなウェア選びと着方の由来には、アメリカの刑務所制度があるとも言われています。囚人服は往々にして大きく、囚人はベルトの使用が禁止されていたため、ウエストからズボンがずり落ちることがありました。英語ではsagging、日本語では「腰パン」や「腰ばき」と呼ばれるズボンをわざと低い位置ではくスタイルは、ニュースクール・ファッションにおける特徴のひとつです。

ニュースクール・ムーブメントとボード形状

概して、ニュースクール・ムーブメントにおけるフリースタイル・スノーボーディングは、スケートボーディングの新しい主流「ストリート・スケートボーディング」からの影響を強く受け発展しました。滑走場所や技、板の形状やファッションに至るまで、ふたつのボード文化は一気に同期し、結果としてスケートボーダーでもありスノーボーダーでもある、という人が増加したのです。中でも特筆すべきは「ボード形状の同期」です。まずスケートボードに新たな形をした板が生まれ、スノーボードも後に続きました。そこで、代表的な「オールドスクール」と「ニュースクール」のボード形状を比べながら、それぞれの特徴を見てみましょう。

まず**図23**は、スケートボードで代表的な「オールドスクール」デッキです。フィッシュテイルと呼ばれる魚型で、進行方向のノーズ部分が尖り、幅は広めで、キックと呼ばれる反りが後方のテール側だけについた「滑ること」に重点を置いたボードです。

対する「ニュースクール」のデッキは、**図24**です。「ダブルキック」と呼ばれノーズ側、テール側の両方に反りがあります。ストリート・スケートボーディングでは、板だけを回転させたり、板に乗ったまま空中で回転したり、板の前後を問わず着地したりするなど、技の複雑化が進みました。そのため「オールドスクール」のデッキよりも細く、「トリックすること」を重視した形状になったのです。ちなみに、前後全く同じ形状に見えるダブルキックデッキですが、スケートボードには前と後ろがあります。前後は大抵グラフィックのデザインでわかりますが、ノーズと呼ばれる前側の反りが強く、前端からビス穴までの長さが若干、後方より長く取られています。

同様にスノーボードにおける形状も比較しながら見てみましょう。**図25**は、一九八五年SIMSの「Round Tail」です。ノーズが尖り、スケートボードの「オールドスクール」デッキに見られたフィッ

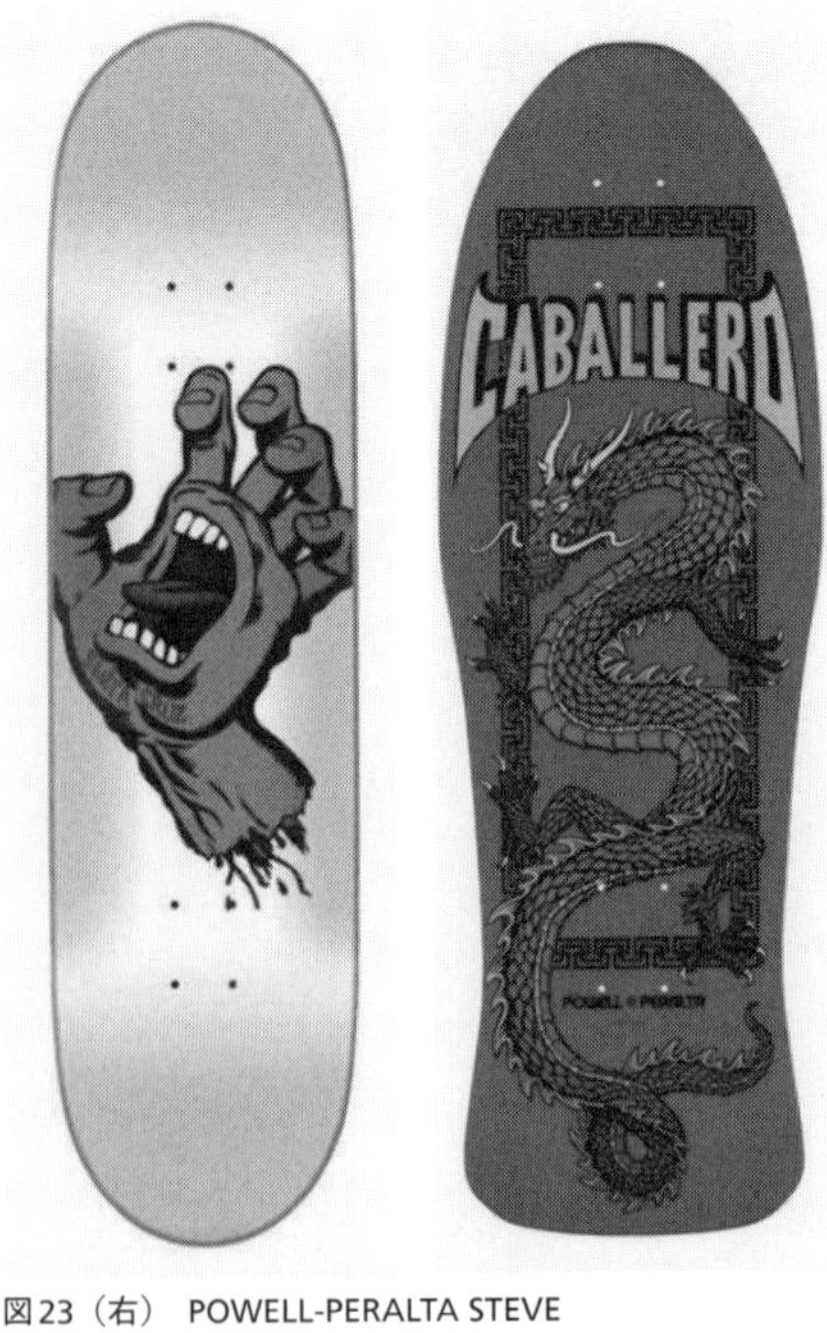

図23（右）　POWELL-PERALTA STEVE CABALLERO CHINESE DRAGON
図24（左）　SANTA CRUZ　TAPER TIP

シュテイル型を縦に引き伸ばしたような形です。板の前後は決まっていて、バインディングは後方テール寄りにつけられ、前に進むことを前提にしています。このようなスノーボードは「ディレクショナル」と呼ばれています。

対して、図26は、一九九四年に発売されたBURTONの「Twin」です。「双子」という名前通り、ノーズとテールが全く同じ形をしています。バインディングを取り付ける穴も中心から前後対称に均等に開けられ、板の真ん中に乗ることができます。スケートボードのダブルキックデッキと非常に似た形をしていることは、一目瞭然でしょう。このような形のスノーボードは、「ツインチップ」と呼ばれています。

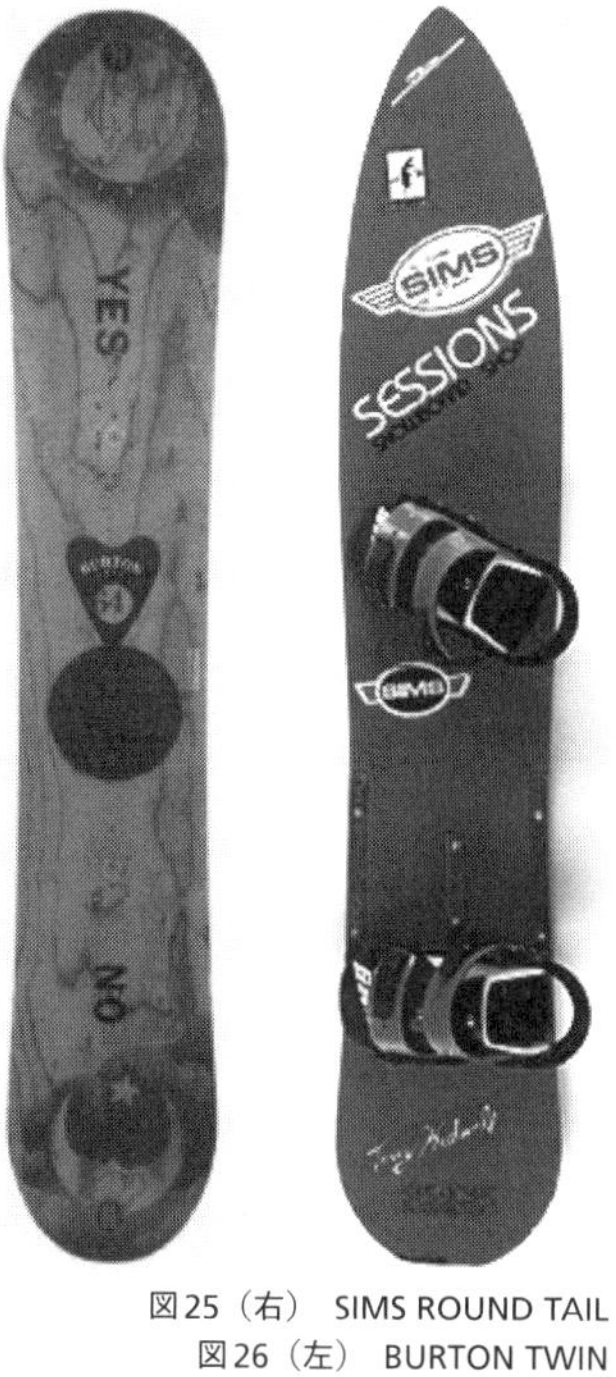

図25（右） SIMS ROUND TAIL
図26（左） BURTON TWIN

スイッチスタンスとグラウンド・トリック

ダブルキックデッキとツインチップボードの登場により、スケートボードとスノーボードの文化は更に近づき、スノーボードの楽しみ方は広がりました。しかし忘れてはならない一番の違いは、足が自由に動かせるスケートボードに対して、スノーボードは足が固定されている、ということです。ここに、スノーボードの「ツインチップ」が、完全に前後対称な形状をしている理由があります。

スノーボードの「足の固定」は、まずバインディングを板に取り付ける際、左右どちらの足を進行方向にして滑るのかを決めるところから始まります。左足を進行方向にする場合は「レギュラースタンス」、右足を進行方向にする場合は「グーフィースタンス」となります。スノーボードは横向きに乗るため、一般的には利き足を後ろに置いた方がバランスを取りやすいと言われています。そしてレギュラーにせよグーフィーにせよ、自分にとって「自然と感じる方」「滑りやすい方」のスタンスが「メインスタンス」となり、その逆が「スイッチスタンス」になります。余談ですが「レギュラースタンス」をメインとする人が、板を一八〇度回し右足を進行方向に向けて滑っても「グーフィースタンス」とは言いません。それは「スイッチスタンス」です。

対してスケートボーディングでは足が固定されていないので、板を進行方向に向けたまま、乗せる足の位置を変えるだけで「メインスタンス」と「スイッチスタンス」を切り替えられます。しかし、スノーボーディングでは、それができません。両足が板に固定されているため、「メイン」と「スイッチ」の切り替えをしようとすれば、板ごと向きを変える必要があるのです。このとき、ノーズとテールが全く同じ形で板の真ん中に乗ることができるツインチップボードであれば、どちらが進行方向になっても問題は起きません。この点が、それまで主流だった「前に進むこと」を前提にデザインされた「ディレクショナル」ボードとの最たる違いです。結果として、前後を問わず自由に動くことを可能にするツインチップボードの誕生は、スケートボーディング同様の回転技を含む幅広い滑りを容易にし、フリースタイル・スノーボーディングを更に発展させました。ちなみに、スケートボーディングでは「メインスタンス」のまま、逆走することを「フェイキー」と言います。そのため、スノーボードでも板の前後が逆になって進むことを「フェイキーで滑る」と表すこともあります。

加えて述べれば、平らな場所で技を行う「グラウンド・トリック」が注目されるようになったのも、この頃でした。ただし「グラウンド・トリック」は和製英語で、英語では「バター・トリック（butter trick）」と呼ばれています。バターをバターナイフでパンに塗るときの様子と、ボードを雪面に押し付けるさまの類似性が由来にはある、と言われています。

概して一九九〇年代前半、ニュースクール・スノーボーディングはスケートボーディングが有する「ストリート」の要素と合体し、滑り方を拡張しただけでなく、ファッションなども含む「ライフスタイル」としてのスノーボード・カルチャーを明示しました。これは「スノーボードをすること」が当時、「新しくて、お洒落で、カッコイイこと」と認識された現象でもあったのです。

3 増加したスノーボード種目

スノーボードクロスの登場

一九九〇年代前半は、スノーボードの大会で実施される種目にも発展が見られました。それまではスタイルごとに、スピードを競うアルペンスタイルの滑降（ダウンヒル）や回転（スラローム）、空中技を競うフリースタイルのハーフパイプが主に実施されていましたが、一九九一年にアルペンでもフリーでも参加できるハイブリッドな競い方「スノーボードクロス」が新しく登場します。これは、ウェーブやバンクなど障害物の配置されたコースを複数の競技者が同時にスタートして順位を競うレースです。駆け引きや激しい接触などもあり、猛スピードでコースを滑り降りるため「雪上の格闘技」とも呼ばれ、二〇〇六年から冬季オリンピック種目にもなりました。

興味深いことに、スノーボードクロスは、アメリカのテレビ局FOXで放送されたアクション・スポーツ番組 *Greg Stump's World of Extremes* の制作過程で誕生しています。生みの親は、番組ディレクターのスティーブン・レクトシャッフェンでした。彼は一九七〇年代後半から一九八〇年代にかけてフリースタイルスキーのアメリカ代表チームに在籍した経験を持ち、スノーボードを楽しむスノーボーダーでもありました。番組で実施する新しい企画を模索しているレクトシャッフェンの脳裏に、あるとき、スノーボードでモトクロスのようなレースをする、というアイデアが浮かびます。そこで、実際に雪山にコースを作り、数名のスノーボーダーたちを集めてコースで競走をしてもらうことにしました。スノーボーダーたちは最初、あまり乗り気ではなかったそうですが、コースを滑り終えると、大爆笑しながら互いにハイタッチを交わし盛り上がっていました。その様子からレクトシャッフェンは、この「新しい競い方」が持つ可能性を確信。種目には「ボーダークロス」という名前がつけられ、独自性を守るために商標登録されました。オリンピックでの種目名が「ボーダークロス」ではなく「スノーボードクロス」となっている理由は、ここにあります。

テレビでの放送後、ボーダークロスはスノーボード業界からの関心を集め、結果として様々な大会で実施されるようになりました。同時に「ボーダークロスをビデオゲームの世界に持ち込めば、さらに大胆に楽しむことができる」と考えたレクトシャッフェンは、世界的なゲームメーカー、エレクトロニック・アーツ社で「ボーダークロス」に着想を得たゲームの開発を始めます。そして二〇〇〇年、プレイステーション2のソフトとして「エクストリーム・レーシング　ＳＳＸ」が発売されました。このゲームソフトは、そのリアルさや斬新さで世界中のゲーマーを夢中にし、シリーズ化され人気を集めました。

ビッグエアの登場

もちろんスノーボードは米国のみならず、ヨーロッパでも発展してゆきます。とりわけ、一九九四年一月、オーストリアのチロル州にあるインスブルックで始まった大会Air & Style は、フリースタイルのストレートジャンプに特化したスノーボード大会を都市部で開催する点が画期的で、「ビッグエア」種目の発達のみならず、大会の新しいスタイルを示しました［図27］。一九九九年までAir & Styleが開催されたベルクイーゼル・スキージャンプ競技場は一九六四年と一九七六年の冬季オリンピックが行われたことでも知られ、インスブルック中心部から路面電車で約一〇分、徒歩でも約三五分と利便性の良い場所にあります。わざわざ雪深いスキーリゾートまで行かなくても、街にコンサートを観に行く感覚でスノーボード観戦ができるようになったのです。そのため、スノーボーダーであるか否かを問わず、幅広い層の人々が足を運び、会場を埋め尽くしました。観客は、下部をスノーボード仕様に改造された七〇〇メートルを超す巨大なスキーのジャンプ台から繰り出される技の数々に歓声を上げ、魅了されたのです。Air & Styleは、スノーボード大会ではあるもの

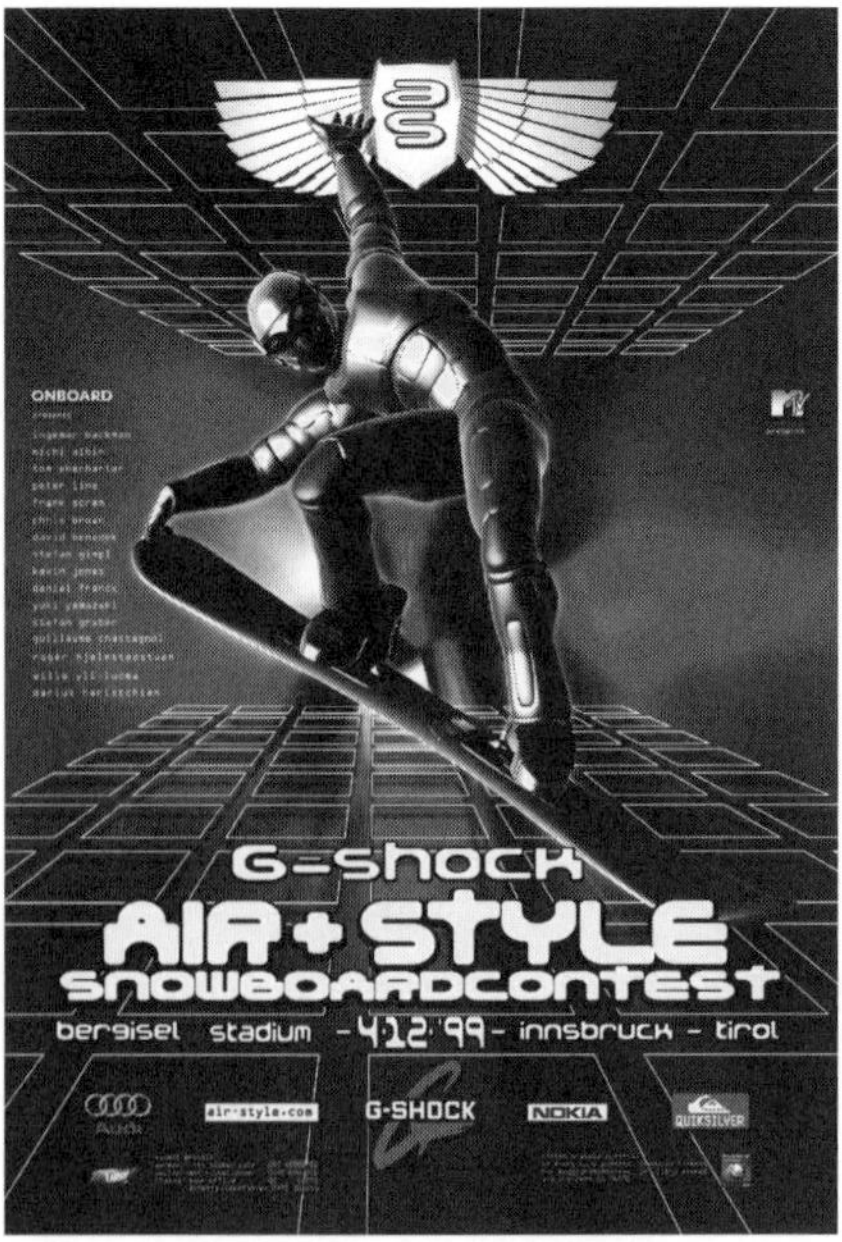

図27　大会「Air & Style」のポスター（1999年）

の、エンターテインメントに通じる「魅せる要素」に長けたスポーツイベントとして、ストレートジャンプ大会が機能することを示す好例となりました。主催者側にとっては、巨大ジャンプ台さえ設営できれば室内でも開催可能なため、天候に左右される心配もありません。こうして、フリースタイルのビッグエアを行うスノーボード大会は、オーストリアから世界へと広がって行きました。日本でも一九九七年から北海道でTOYOTA BIG AIR（二〇一四年に終了）が、二〇〇一年からは東京ドームでX-TRAIL JAM（二〇〇八年に終了）が開催されています［図28］。冬季オリンピックには二〇一八年から種目入りしました。

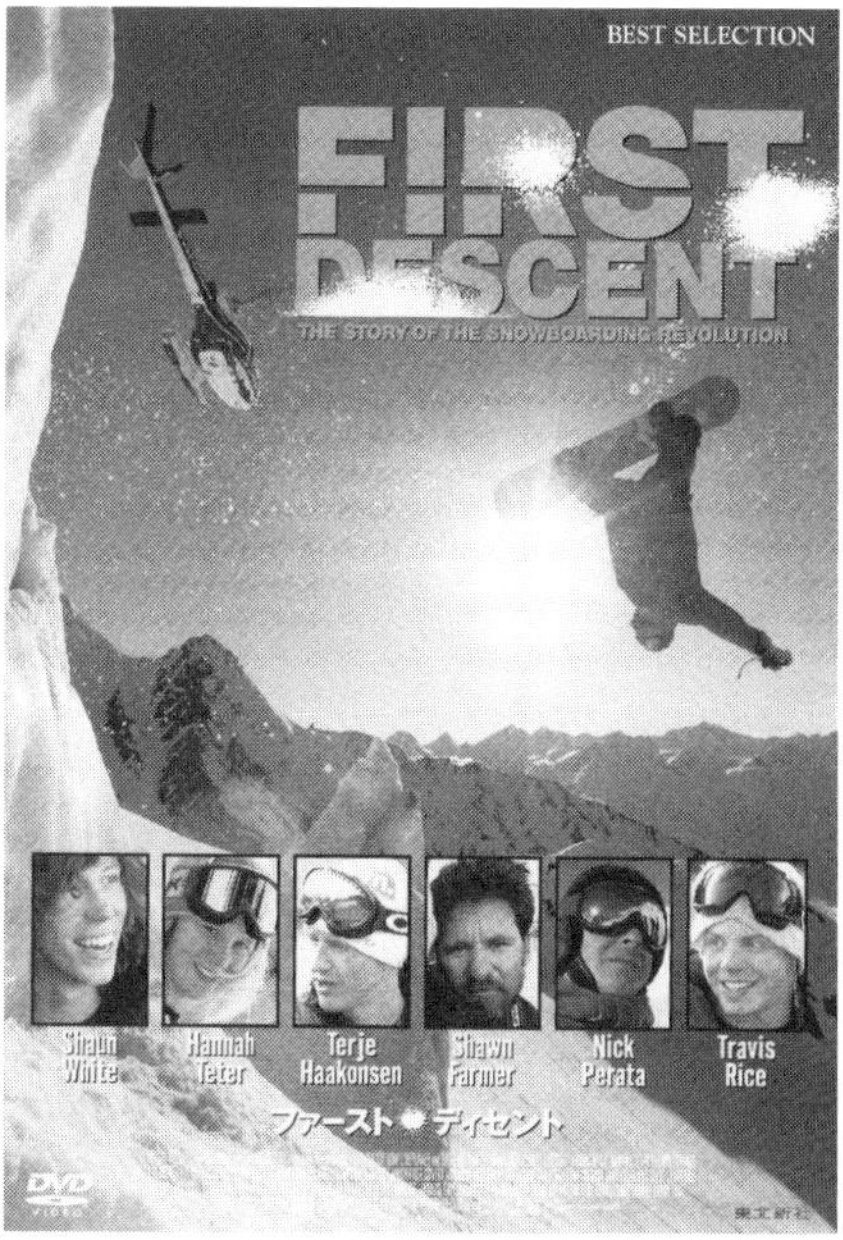

図28　アメリカ映画『ファースト・ディセント』（2005年）。ショーン・ホワイトたちがアラスカの雪山に挑む様子と、スノーボードの歴史を当時の映像で伝えるドキュメンタリー作品。ビッグエア大会X-TRAIL JAMの舞台裏も収められている。（発売：東北新社）

4 日本におけるスノーボードの普及

サーフィンとスケートボードからの流れ

ここからは、日本におけるスノーボードの普及を見てゆきましょう。既述したように、日本ではまず一九七九年に、サーフボードシェイパー田沼進三が創業したパイオニアモス社が「雪用サーフボード」モス・スノースティックを世に送り出します。そして数年後、商社である小倉貿易がバートン日本総代理店（当時）としてアメリカから約一〇〇本のバートン・スノーボードを日本に輸入、やがて、ＳＩＭＳなどのボードも日本で売られるようになりました。スノーボードという新しいスポーツを認知してもらうため一九八二年には、パイオニアモス社が日本スノーサーフィン協会を、バートン日本総代理店の小倉貿易が中心となって日本スノーボード協会（ＪＳＢＡ）を設立します。各協会ができたことで、一九八二年には第一回全日本選手権大会が秋田県の協和スキー場で、一九八三年には第一回日本スノーサーフィンチャンピオンシップが新潟県の湯沢国際スキー場で行われるなど、愛好家が集い競う機会も生まれました。

日本ではサーフショップが、いち早くスノーボードの取り扱いを始めています。モス・スノースティックが国内サーフボードメーカーであるパイオニアモス社による新製品だったことや、スノーサーフィンという呼び名がサーファーの興味を引きつけたことなども関係しているでしょう。サーフ・メディアに注目すれば、サーフ・カルチャーを中心に扱う月刊誌*Fine*が一九八六年三月号で「グッドなスノーウエイブを見つけたらスノーサーフィンでテイクオフ」という二ページにわたる特集記事を掲載しています［図29］。一部を紹介しましょう。

いま注目のウィンタースポーツ〝スノーサーフィン〟。これは、約１５０㎝のボードを使って、真っ白なゲレンデをサーフィン感覚でライディングするものだ。ダイナミックさでは、スキーを上回っている。その反面、基本テクニックはとても簡単なので誰にでも楽しめる新しいスポーツ。

この記事にはイラストを用いた基本フォームやターンの動作解説があり、興味深いことに「転倒方法」は「雪中でのワイプアウト」で「スキーで転ぶことは恥になるけれど、ラジカルなスノーサーフィンでは醍醐味のひとつ」と記されています。ちなみに「ワイプアウト」とはサーフィン用語で、海上で突然、自分の意思とは関係なくボードから落ちてしまうことを指し、「ラジカル」とは「過激な」を意味することから、「過激なスノーサーフィンでは突然転ぶことも最高に面白い」というわけです。他にも「スノーサーフィンカタログ」というコーナーでは、「MOSSのニューモデル／スキーブーツをビンディングで固定RV-2（92000円）」「アメリカで人気のバートン社

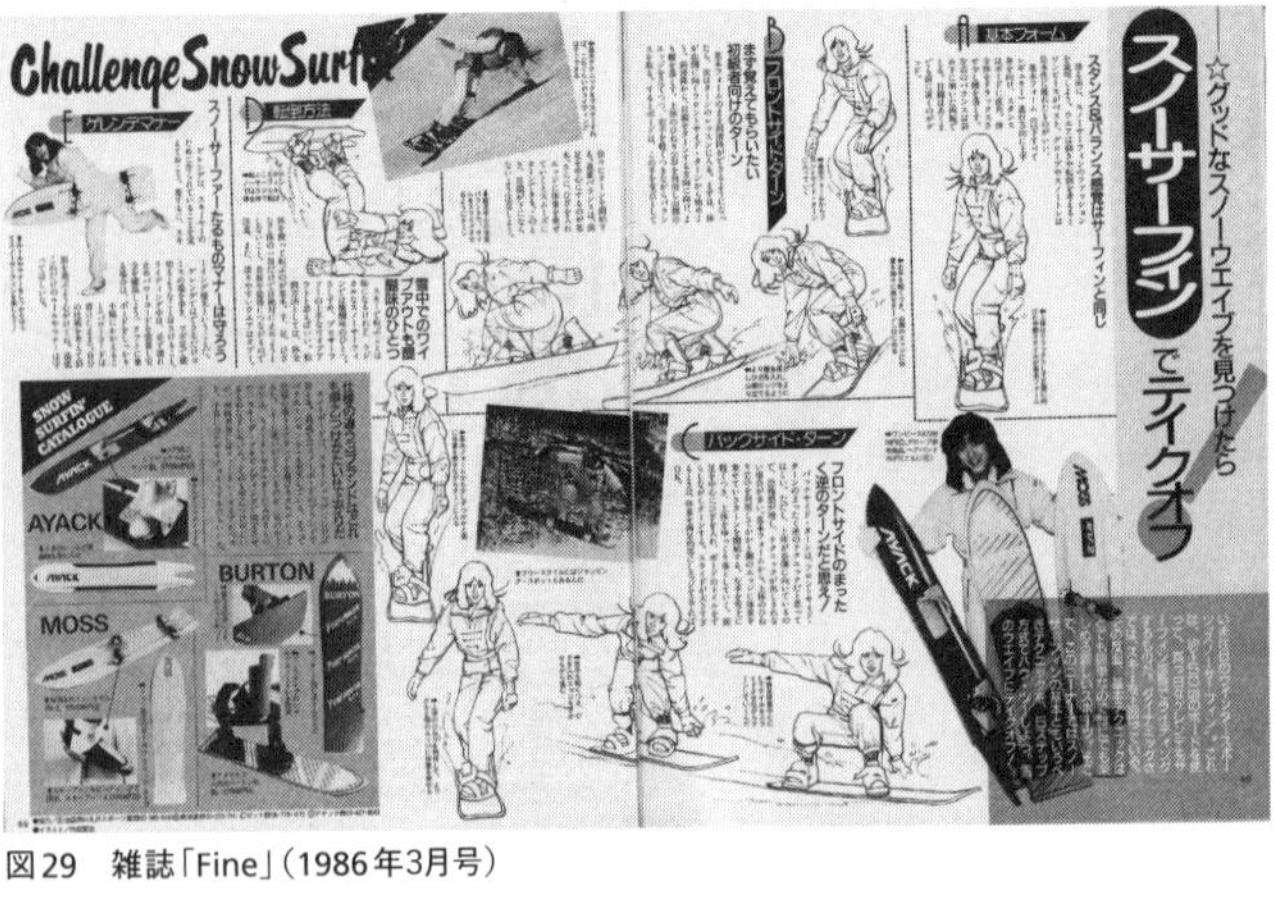

図29　雑誌「Fine」（1986年3月号）

製／ブーツタイプのシェルでスノートレを固定　Performer ELITE（８０５００円）」など、板と足のホールド方法の違いを写真入りで価格を添え紹介しています。補足として加えれば一九八六年頃になると、バートンのスノーボードには今日のハイバックバインディングのようなものが付けられるようになり、足を板に完全に固定できるようになりました。また、スノートレとは雪用靴のことで、バートン社から発売されていたものは現在のスノーボード用ブーツと比べて遥かに柔らかくスノーブーツのような靴でした。この記事の最後は「ゲレンデは、スキーヤーのために作られていることを覚えておこう。要するに、スキーイング優先ということだ」「ルールやマナーは守ってほしいな」と締め括られ、アメリカの「スノーボーダー・ユーザー・ガイドライン」同様、新しいスポーツならではの啓発が、読者に対してなされています。

　他方では、スケートボードからスノーボードへの流れもありました。日本スケートボード協会のホームページに掲載されたスケートボードの歴史には「82年に始まったスノーボード・ムーブメントがスケートボードの方向性を変えていく。溝部薫、松島勝美、豊田貢といったトップ選手がスノーボード界でも活躍」とあります。通称を〝ローズ〟とするスケートボーダー松島勝美は実際、一九八三年に実施された第一回日本スノーサーフィンチャンピオンシップに参加し、男子ダウンヒル部門で優勝しています。しかし、スケートボードからの影響を強く受けたフリースタイル・スノーボーディングが日本で広く知られるようになるのは、一九九〇年代に入ってからのことでした。

ショップが果たす役割

日本でスノーボードが少しずつ普及してゆく過程で重要な役割を果たしていた存在が、専門店を中心としたショップです。例えば、ボードスポーツ用品を主に扱うムラサキスポーツの場合、一九七三年に上野店が開店し、一九七七年にスケートボードとローラースケート用品の販売を始めると、一九七八年に原宿店をオープン、同時にサーフボードの取り扱いを開始し、一九八〇年にスノーボード用品の販売を始めると、この年に「TEAMムラサキ」を結成、契約プロの原型となる所属ライダーによるチームを編成しています。

もちろん日本各地のショップは、所属する選手たちが活躍するためのサポートだけでなく、スノーボード人口が少なかった頃から、スノーボードに興味を持った人が最初に頼ることのできる身近な場所として機能していました。一九九〇年に出版された日本スノーボード協会教育本部監修による書籍『スノーボードハンドブック　入門編』の巻末には都道府県別のショップガイドがあります。そこを見ると、各ショップが積極的に様々な独自のサービスを提供していたことがわかります。具体的には、週末に日帰りバスツアーを実施しているショップ、シーズン中は毎日スキー場まで行く車を出しているショップ、ボード購入者なら誰でも無料で受けられるスクールを常時開講しているショップ、練習合宿やカナダツアーを企画しているショップなどなど、入門者のみならず幅広いスノーボーダーに対して、単に物を売るだけでなく、活動を支え活性化させるサービスを行っているのです。もちろん、このような取り組みは、スノーボードを扱うショップに限られたことではありません。しかし当時、スノーボード人口は少なく、スノーボードで滑走できるスキー場は限られていました。加えて、たとえ滑走できたとしても、スキー場がボードのレンタルを行っていること自体、珍しい時代でした。そのため、新規の客や新しいボードの購入を検討している顧客に対してボードレンタルを行うことも、ショップの重要な役割だったのです。

スノーボード人口とスキー場

では一体、一九九〇年の時点で日本には何人くらいスノーボーダーがいたのでしょうか。『スノーボードハンドブック　入門編』によれば、当時のスノーボード人口は約一〇万人。対して、スキー人口は、公益財団法人日本生産性本部の調査「レジャー白書」によれば約一三八〇万人。比率にすると一対一三八です。これは、学校の一クラス平均を三五名とすれば、一組から四組まで自分以外は全員スキーヤーという状況です。

当時の日本では、一九八〇年代後半から始まったバブル経済による好景気で国民のレジャー消費が増え、一九八七年に公開され大ヒットした映画『私をスキーに連れてって』の影響もあり一大スキーブームが起きていました。スキー場はスキーヤーで溢れ、リフトには長蛇の列、待ち時間が一、二時間になることもあったと言われています。そんな状況の中、スノーボーダーを受け入れるスキー場は限られ、たとえスノーボード滑走が許されていたとしても、スノーボーダーには「条件」がつけられていました。書籍『スノーボードハンドブック　入門編』にある「ゲレンデガイド」に掲載された「条件」を具体的にまとめると、次の四つに分類されます。ひとつは「ゴンドラ乗車不可」

「第一ペアリフトのみ可」「鐘の鳴る丘ゲレンデのみ可」など、スノーボーダーが使えるリフトやコースが決められているスキー場、次に「混雑時不可」「平日のみ可」など、人が少ないときであれば全面滑走できるスキー場、更には「パトロールに届け出て指示を受ける」「リフト券売り場に登録が必要」など、当日身分を明らかにすれば滑走できるスキー場、最後に「初心者不可、日本スノーボード協会加入者」「ライセンスカード提示」など、滑走技術を示す所定の手続きをしたスノーボーダーのみ滑走可能なスキー場といった具合です。このような状況であったことを考えると、当時「スノーボード初挑戦」という第一歩が、現在ほど容易ではなかったことが明らかになります。この頃、圧倒的に少数派だったスノーボーダーは、スキー場で肩身の狭い思いをしていました。

一方でスキー場という場所に注目すれば、一九八〇年代、日本では「第二次スキー場開発ブーム」が起きています。驚くことに一九八〇年から一九九三年の間に約二三〇の新しいスキー場が国内に作られたのです。結果として一九九三年の時点では約六三〇のスキー場が日本に存在していました。こうしてスキー場の数は増えましたが、バブル経済の好景気は一九九一年をピークに崩壊を始めます。スキーブームは下火になり、スキーヤーの数も減少の一途をたどってゆきました。興味深いことに、ちょうどこの頃、アメリカでは既述したニュースクール・ムーブメントが起き、スノーボードは新しい流れの中で更なる進化を遂げます。そして、その人気は海を越え、日本にも到来。若者の間で一大スノーボードブームが起きるのです。

急がれた指導者養成

海外からの影響もあり、日本でのスノーボードに対する興味関心は一九九〇年代、一気に高まりました。朝日新聞は一九九三年一月一〇日の朝刊紙上でスノーボードを取り上げ「『ゲレンデの異端児』返上　スノーボード愛好者、20万人に」という見出しと共に「『危険』『マナーが悪い』などを理由に、滑走禁止のスキー場も、人気に押されて、ゲレンデを相次ぎ開放」「全国にある約七百のスキー場のうち、昨シーズンは約百八十カ所が滑走ＯＫだったが、今シーズンは二百八十カ所に増えている」と、わずか一年間でスノーボード滑走を許可したスキー場が国内で一〇〇か所も増えていることを伝えています。この記事は他にも、日本スノーボード協会（ＪＳＢＡ）からの依頼を受け、スキー指導者団体である日本職業スキー教師協会（ＳＩＡ）が、このシーズンから新たにスノーボード指導者の養成を始めたことも報じています。背景には「JSBA公認の指導者は百五十人。半数はプロの競技者を兼ね、スキー場の常駐者は百人に満たない」という指導者不足があったようです。

日本におけるスノーボード指導者養成に注目すれば、同年一一月、上記の二協会、日本スノーボード協会と日本職業スキー教師協会に、全日本スキー連盟（SAJ）を加えた三団体が協力し、共同編集という形で日本初の『全日本スノーボード教程』を出版しています。「教程」とは段階的に教える方法を示した指導者のための「教科書」です。この初の『全日本スノーボード教程』には興味深いことに、スキーポール（ストック）を両手に持って行うスノーボードの練習方法が紹介されています。「ストックによるスケーティング」「［ストック］横滑り」などの基本動作から「［ストック］カービング」といった応用技術に至るまで、手ぶらで行う通常の各練習方法に続いて「ストック練習法」が登場するのです。このスキーポールを用いた手法を「教程」では、「スノーボードの練習法としてはかなり特殊な部類に入る」としながらも「初心者やスキー経験者が、難しい動作や技術を一時的に習得しやすくするための練習法」であり「特にスキー経験者には、ストックを上手に利用することが着実で早い上達をもたらす」としています。

この教程は主にスノーボードのアルペン系テクニックを扱っているため、足の位置と体の向きがフリースタイルの「横乗り」と比べ、「ほぼ前向き」であることも「ストック練習法」を可能にしているといえるでしょう。

　今日では見かけることがないスノーボード「ストック練習法」ですが、朝日新聞の記事にもあったように、当時は、急増するスノーボード人口に対して指導者が不足していました。そのため、急遽スノーボードを教える必要が出てきたスキー指導者にとっては、取り組みやすい練習法であり指導法であったのかもしれません。また、この教程の巻末に掲載された一九九三年当時の日本スノーボード協会規程によれば、その頃スノーボード指導者の資格にはＡ級インストラクターとＢ級インストラクターがあり、下位に当たるＢ級インストラクターになるための検定を受験できる条件は、「バッジテストの一級を取得したもの」または「ＳＡＪ、ＳＩＡのインストラクター資格保持者」となっています。当時はスキーの指導者資格を持っていれば、もれなくスノーボードの指導者になるための検定を受けることができたのです。ついでながら述べるとバッジテストとは、今日も行われている一般のスノーボーダーを対象にした技能検定です。一級から五級まで各級ごとに決められた実技テストに合格すればバッジが貰えることから、このような名前が付けられています。ちなみに三団体はスノーボード指導者養成という点で協力体制をとりましたが、当時、国内スノーボード大会の運営やプロ認定など、スノーボードに関わる活動を統括していた組織は、一九八七年に日本スノーサーフィン協会を吸収合併し、一九九一年に世界的組織である国際スノーボード連盟（ＩＳＦ）に加盟した、日本スノーボード協会（ＪＳＢＡ）でした。

5 オリンピックとスノーボード

一九八〇年代後半から一九九〇年代前半にかけて、スノーボードは世界各地で注目を集め、その存在を広く知られるようになりました。そして、一九九八年に開催された長野冬季オリンピックでは、早くも正式種目になります。日本オリンピック委員会（ＪＯＣ）のホームページにある冬季オリンピックの「冬季競技一覧」を見てみましょう［図30］。

「競技名・種別」という表記で、「スキー・アルペン」「スキー・ジャンプ」「スキー・フリースタイル」などに続いて「スキー・ス

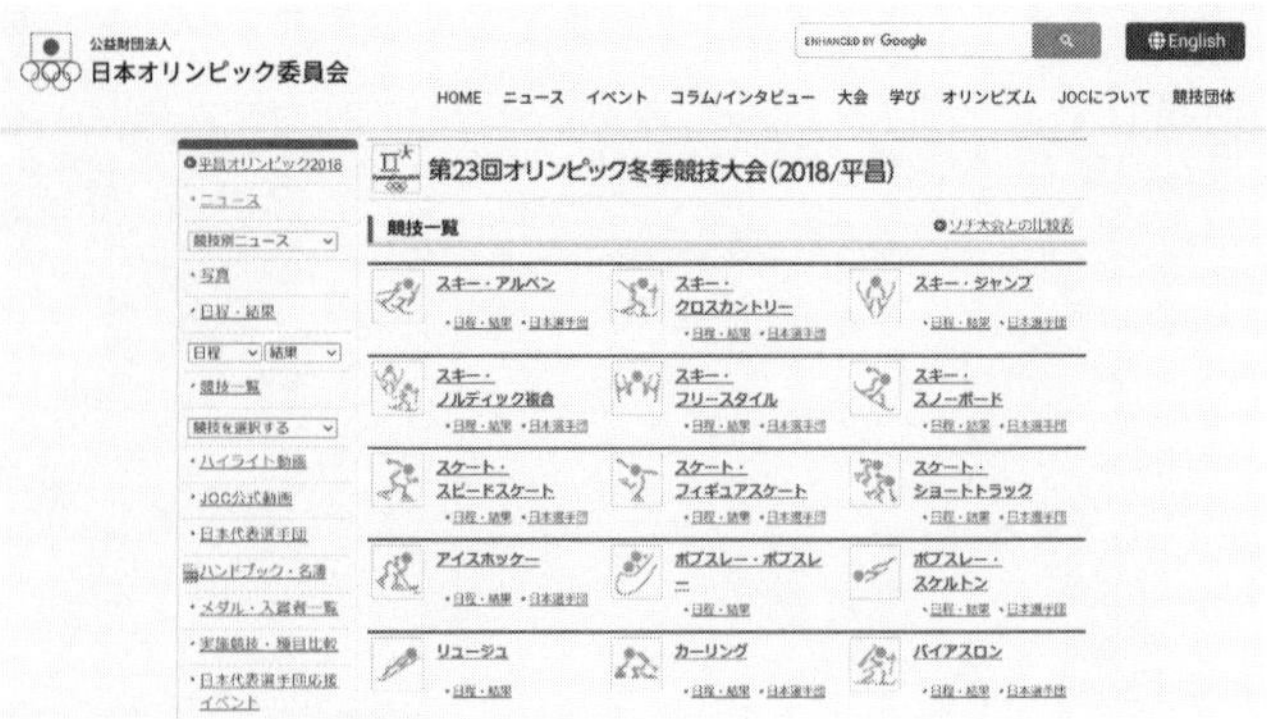

図30　日本オリンピック委員会 HPより

ノーボード」が現れます。ここで気になるのは、スノーボードの前に「スキー」が付いていることです。これは、不思議なことに、オリンピックでスノーボードが「スキー競技のひとつ」として行われていることによります。

スノーボードが「スキー競技」になった理由

ではなぜ、スノーボードはオリンピックで「スキー競技」に入っているのでしょうか。この経緯を明らかにするため、オリンピックの構造に目を向けると、まず大きな影響として「オリンピックの商業主義化」があったことがわかります。商業主義とは「営利を第一の目的にする」ことを意味しますが、オリンピックは一九八四年のロサンゼルスオリンピックから完全民営化され、テレビでの放送権料や公式スポンサー料などが主要な運営資金となりました。結果としてオリンピックは、スポーツイベントではあるもののテレビ放送を前提に運営されるようになり、視聴率と種目が切っても切れない関係になったのです。

オリンピックの視聴率は年々、若年層で減少傾向がみられ若者の好むスポーツを取り入れようとする傾向が強くなっていました。スノーボードは、一九八〇年代後半から主に若者の間で急速に人気を集め始め、アクション・スポーツであることから、フリースタイルにおける空中技などテレビ映えも期待されました。幸か不幸か、スノーボードは加速するオリンピックの商業主義化が求める要素を兼ね備えていたのです。

　そして、もうひとつの大きな要因に「残された時間の問題」がありました。オリンピック関連団体がスノーボードに対して具体的な動きを見せるのは一九九四年のことですが、オリンピック憲章は「特定の競技をプログラムに加える承認は、該当するオリンピックの少なくとも七年前までに行われる」と定めています。そのため、スノーボードを「単一競技」として承認し実施することは、二〇〇二年米国ユタ州ソルトレイクシティで開催される冬季オリンピックからであれば可能でした。しかし、それはなされていません。一九九八年の長野冬季オリンピックでスノーボードを実施するために取られた方法、それはオリンピック憲章が定める「例外的な場合」でした。これは、「競技」の中の「種別・種目」であれば、関係する国際競技連盟などの同意を条件に、時間的制約の規定に反してもよい、というものです。つまり、オリンピックですでに実施されている「競技」の範囲内なら、その国際競技連盟の同意だけで「新しい種別・種目」を追加することが可能になります。

結果として、スノーボードのオリンピック入りは、この「例外的な場合」に沿って進んでゆきました。なぜ時間を要する「承認」ではなく「例外的な場合」が取られたのか、本書は議論に立ち入りませんが、スノーボードは、あまりにも短期間で人気スポーツとなりました。世間では「一時的な流行」という見方があったことも事実です。ビジネスとスピードは密接な関係にあることから、商業主義化を加速させるオリンピック側にとって、スノーボードという「商機」を逃す選択肢はなかったのかもしれません。

長野冬季オリンピックへの道

ここからは、長野冬季オリンピックでスノーボードが実施されるまでの経緯を時系列で追いましょう。まず、ノルウェーのリレハンメルで冬季オリンピックが開催された約四ヶ月後、一九九四年六月に、冬季オリンピックでスキー競技を統括する「国際スキー連盟（ＦＩＳ）」が総会で「スノーボードをスキー競技の公認種目に加える」という決定を下します。これは、雪上で行うことを除けば、全く異なるスポーツであるスノーボードを「自分たちの」つまり「スキーの種目にすることにした」という国際的なスキー団体による公的な手続きでした。そして、その二ヶ月後、八月にパリで開かれた国際オリンピック委員会の理事会で、サマランチ会長（当時）から「一九九八年に開かれる長野冬季オリンピックに、新たにスノーボードを加えてはどうか」という提案が、長野オリンピック冬季競技大会組織委員会に対してなされます。理由には「若者の間でのスノーボード人気」があげられました。既述しているように、オリンピックでのスキー競技統括団体「国際スキー連盟（ＦＩＳ）」は、この時点でスノーボードをスキー競技に加えているので、あとは長野オリンピック冬季競技大会組織委員会が決断すれば、オリンピック憲章の「例外的な場合」を適用し、スノーボードを「スキー競技」として長野で行うことができる、という段取りになりました。

この突然の「スノーボード追加提案」に、長野オリンピック冬季競技大会組織委員会は驚き、急遽スノーボード用の会場や選手村、そして新たに必要な予算の検討を始めます。その頃、日本国内のスポーツ産業やスキー場は、スキー人口が減少の一途をたどっていたこともあり、スノーボードの追加提案を大歓迎しました。

こうして、一九九五年一一月一七日に開かれた長野オリンピック冬季競技大会組織委員会で、スノーボードの実施が決定し、翌一二月五日に開かれた国際オリンピック委員会理事会で、スノーボードは一九九八年長野冬季オリンピックの正式種目に追加されました。当時の朝日新聞には「五輪のスノーボード競技はＩＯＣ加盟の国際スキー連盟（ＦＩＳ）が統括し、スキーの新種目として四種目を実施する。会場地は山ノ内町で、志賀高原・焼額山で男女大回転、上林温泉・かんばやしスノーボードパークで男女ハーフパイプを行う」と記されています。

スノーボーダーをめぐる問題

こうしてサマランチ会長の提案から一年三ヶ月後、スノーボードは無事に長野冬季オリンピックでの初実施が決まりました。しかし、スノーボードが「新しいスキー競技」として追加されたことは、実際にオリンピックで競う可能性のある、高いスキルを持った世界中のスノーボーダーたちの周辺に深刻な事態を引き起こしていました。最たるものは選手選考に関わる加盟団体の問題です。当時、スノーボード界には国際的なスノーボード組織「国際スノーボード連盟（ＩＳＦ）」が存在していました。一九九四年の時点でスイス、イタリアなど二一ヶ国ではすでにスキーとは別競技の団体として国が認め、日本スノーボード協会（ＪＳＢＡ）を含む三五ヶ国の団体が加盟していました。しかし、国際スノーボード連盟（ＩＳＦ）は、国際オリンピック委員会（ＩＯＣ）に未加盟だったのです。そのため、一九九四年六月に国際スキー連盟（ＦＩＳ）がスノーボードをスキー競技に含めるという「一方的な」決定を下した直後、スポーツ仲裁裁判所の仲介で、国際オリンピック委員会（ＩＯＣ）に対して「スノーボードの唯一の国際団体として加盟を認めて欲しい」と申請を出します。すると国際オリンピック委員会（ＩＯＣ）は、この件に関して、国際スキー連盟（ＦＩＳ）と国際スノーボード連盟（ＩＳＦ）の両者で話し合うよう求めました。結果、残念なことに、国際スノーボード連盟（ＩＳＦ）の申請は却下されてしまいます。

当然のことですが、プロを含むスノーボーダーの多くは国際スノーボード連盟（ＩＳＦ）に登録していました。しかし、オリンピック出場を目指すのであれば、オリンピックでスノーボードを統括する国際スキー連盟（ＦＩＳ）に新たに入会し、国際スキー連盟（ＦＩＳ）が主催する大会に出てポイントを稼ぐ必要が出てきたのです。つまり、スノーボーダーであっても国際スキー連盟（ＦＩＳ）に属さなければ、オリンピックの選手選考に挑むことができなくなってしまいました。

スノーボードのオリンピック入りは多くのスノーボーダーの夢でもありました。しかし、それが実現したとき、スノーボードはスキー競技に入れられ、自分たちが育ててきた独自の組織、国際スノーボード連盟（ＩＳＦ）によってではなく、無関係なスキー団体によって統括されることになっていました。目の前に突きつけられた現実は、スノーボーダーにとって受け入れ難く、実際、国際スキー連盟（ＦＩＳ）が主催したスノーボード大会の入賞者が、メダルを首にかけずポケットにしまったり、花束を観客席に無造作に投げ入れたりするなど、やり場のない感情を表出させる場面もありました。「我々は、スキーヤーではない」。国際スノーボード連盟（ＩＳＦ）への帰属意識や、スノーボーダーとしてのプライドを思えば、この状況が、どれほど耐え難いものだったか、想像に難くありません。

オリンピックの商業主義化にスノーボードが利用されることを危惧し、いち早く反旗を翻したのが、当時のハーフパイプ世界王者、ノルウェー人のテリエ・ハーコンセンでした。ハーコンセンは「ユニフォームを着用し、国旗を掲げ、歩くロゴ化することに抗議すべき」と主張し、オリンピックのボイコットを表明。「ノルウェーは生きていくうえでは素晴らしい国だが、決して私のスポンサーのようにサポートはしてくれない。私にとっての旗は、ノルウェーの国旗ではなくバートンだ」と、国家よりもスノーボードの文化とスノーボード・コミュニティに対する帰属意識を明らかにしました。

一方で、オリンピック参加に意義を見出すスノーボーダーたちも、当然、存在しました。一九九八年二月五日付の朝日新聞朝刊で、ハーフパイプ日本代表に選ばれた当時二二歳の西田崇選手は「自分は遊んでいると思われていた。五輪に出れば周りの見る目が変わると思った」と述べています。西田選手は自費で海外の大会を転戦しＦＩＳポイントを稼ぎ、長野オリンピックへの切符を手に入れていました。

このようにオリンピックに対するスノーボーダーの思いは様々でしたが、ハーコンセンを始めとする世界トップクラス選手の不参加表明によって、長野冬季オリンピックに参加するスノーボード選手が、スノーボード界における最も高いレベルではなくなりました。他方でスノーボードのオリンピック入りは、それまで一般的に「レジャー」と捉えられていたスノーボードに「スポーツ」という側面があることを、広く世間に意識させる絶好の機会になったのです。

長野冬季オリンピックにおけるスノーボード

一九九八年二月七日、長野冬季オリンピックは開幕しました。八日のスノーボード男子大回転には約一万三〇〇〇人の観客がつめかけ、一二日に行われたスノーボードの最終種目ハーフパイプの会場には、若者を中心に約五〇〇〇人のスノーボードファンが集まり、盛り上がりを見せたことが伝えられています。しかし、男子大回転で金メダルをとったカナダのロス・レバグリアティのドーピング検査で大麻の陽性反応が出たため、メダル剝奪が発表されました。ところが当時、オリンピックでは大麻が禁止物質と明確に規定されていなかったこともあり「法的根拠がない」という理由で、処分が取り消されるなど、オリンピックにおける初のスノーボードは、波乱に満ちたものとして歴史に残る結果となりました。

一方で、スノーボードは長野冬季オリンピックで初めて公式種目になったため、日本国内では記念の五〇〇円硬貨が作られています［図31］。表には五輪マークとメランコ

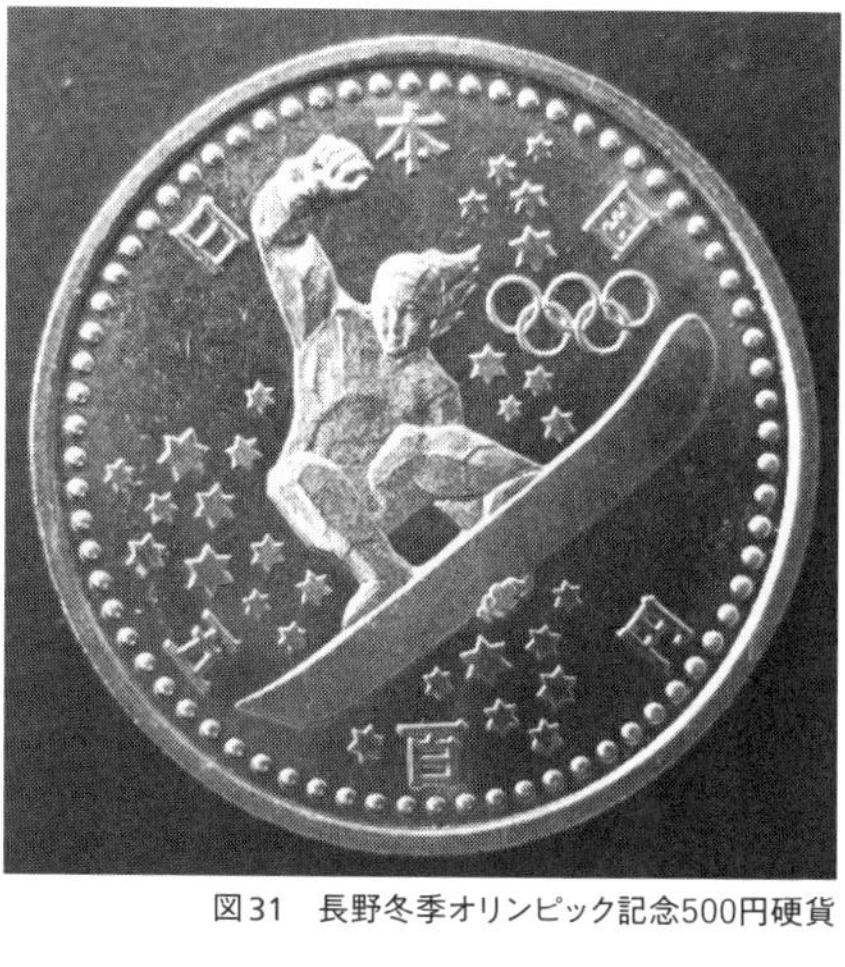

図31　長野冬季オリンピック記念500円硬貨

リー・グラブをするスノーボーダーの姿が、裏には長野県の県鳥ライチョウがデザインされ、二千万枚が販売され人気を集めました。

スノーボーダーとオリンピックの関係

オリンピック入りでスノーボードは広く一般に認知されましたが、国際スキー連盟（ＦＩＳ）がスノーボードの統括団体であることによって生じる「現場の問題」は、後を絶ちませんでした。実際、ジェイク・バートンは「スキーヤーが関与しないシステムが必要」であり「スノーボーダーのオリンピック出場への道は決してフェアなものではない」と主張し、国際スキー連盟（ＦＩＳ）のビル・マロットを訴え、勝訴しています。また、スノーボードのコース設計に関する問題は深刻で、スノーボード団体が統括するスノーボード大会ではありえないようなコースが、オリンピックでは度々、出現しました。例えば、一九九八年の長野冬季オリンピックのスノーボード大回転のコースは、スキーでは当たり前でも、スノーボードでは行われないアイスバーンで固めるという作りであったため、コースアウトする選手が続出しました。他にも、スロープスタイルが初めて種目に加わった二〇一四年のソチ冬季オリンピックでは、練習中に金メダル候補だった選手を含む複数の選手たちが負傷するなど、コース設定が非常に危険であることに批判が集まり、米国代表選手のショーン・ホワイトはスロープスタイルへの出場を辞退しています。このようなコース設計の問題は、国際スキー連盟（ＦＩＳ）がスノーボードに対する造詣を欠いていたにもかかわらず、スノーボード団体の意見を取り入れることなく独自に設計を進めた結果、生じたと言われています。スノーボーダーと国際スキー連盟（ＦＩＳ）の軋轢は依然として存在していましたが、テレビ放送におけるスノーボード種目の視聴率は好調でした。そのため、オリンピックにおけるスノーボード種目は、一三七頁の表からも明らかなように、回を重ねるごとに増え続けています。

一方で、オリンピックのスノーボード統括団体が国際スキー連盟（ＦＩＳ）になったことにより、国際スノーボード連盟（ＩＳＦ）は大会の資金集めなどに難航し、二〇〇二年には解散を余儀なくされてしまいました。しかし、スノーボードを単一競技として扱う連盟の必要性を主張した日本スノーボード協会（ＪＳＢＡ）を含む世界各国の協会は団結して、新たなスノーボードの世界的組織「世界スノーボード連盟」（ＷＳＦ）を同年中に設立、活動を始めました。オリンピックをボイコットしたハーコンセンも、スノーボーダーによるスノーボーダーのための祭典として「アークティックチャレンジ」と名付けた独自の大会をノルウェーで立ち上げ、二〇〇〇年から主催しています。

そして月日が経つにつれて、オリンピックにもスノーボード界を牽引するトップレベルの選手たちが顔を揃えるようになりました。二〇〇六年のトリノ冬季オリンピックから当時の世界王者ショーン・ホワイトが米国代表選手として出場したことは適例のひとつです。このような事実は、オリンピックが徐々に、著名なスノーボーダーの中で一定の折り合いさえつけられれば、参加する意義のある大会であるという認識に変化していった可能性を示唆するでしょう。

加えて、パラリンピックにおいてもスノーボードは、二〇一八年平昌大会から正式種目になりました。男女ともに上肢障害（ＳＢ－ＵＬ）と下肢障害（ＳＢＬＬ－1、ＳＢＬＬ－2）の三クラスに分かれ、三回の滑走でベストタイムを競うバンクドスラロームと、複数選手が同時に滑走し順位を競うスノーボードクロスが行われています。二〇一八年平昌大会では、成田緑夢選手が男子バンクドスラロームＳＢＬＬ－2クラスで金メダル、男子スノーボードクロスＳＢＬＬ－2クラスで銅メダルを獲得しました。

表　冬季オリンピックにおけるスノーボード種目

一九九八年	長野（2種目）	ハーフパイプ／大回転	
二〇〇二年	ソルトレイクシティ（2種目）	ハーフパイプ／パラレル大回転	
二〇〇六年	トリノ（3種目）	ハーフパイプ／パラレル大回転／スノーボードクロス	
二〇一〇年	バンクーバー（3種目）	ハーフパイプ／パラレル大回転／スノーボードクロス	
二〇一四年	ソチ（5種目）	ハーフパイプ／パラレル大回転／パラレル回転／スノーボードクロス／スロープスタイル	男子ハーフパイプ 平野歩夢選手（銀メダル） 平岡卓選手（銅メダル） 女子パラレル大回転 竹内智香選手（銀メダル）
二〇一八年	平昌（5種目）	ハーフパイプ／パラレル大回転／スノーボードクロス／スロープスタイル／ビッグエア	男子ハーフパイプ 平野歩夢選手（銀メダル）
二〇二二年	北京（6種目）	ハーフパイプ／パラレル大回転／スノーボードクロス／スロープスタイル／ビッグエア／スノーボードクロス混合団体	

6 スノーボーディングとは何か

ここまで、スノーボードの歴史と普及、そしてオリンピックで実施されるまでの道のりを紹介してきました。最後の章では、「スノーボーディングとは何か」という問いに対する答えを探しながら、スノーボードの独自性を解き明かしましょう。

「新しいスポーツ」としてのスノーボード

世界各地で放送されスノーボードも参加する大規模な商業的スポーツイベントといえば、一九九五年にアメリカの大手スポーツ専門テレビ局ＥＳＰＮが開始したＸ ＧＡＭ

ＥＳでしょう。出場は招待制のため、インタビューでは「ＸＧＡＭＥＳに出ることが夢だった」と語る選手も多く、世界最高レベルの技を競い合う祭典になっています。公式には明かされていませんが、上位入賞者には数百万円から数千万円の高額賞金が出ているようです。ちなみにＸＧＡＭＥＳのＸは、「極端な」や「過激な」を意味する「エクストリーム」の略で、ＸＧＡＭＥＳが広く知られたことで、実施されているスノーボードやスケートボード、ＢＭＸやモトクロスなどの総称として「エクストリーム・スポーツ」という呼び名が定着しました。

スノーボードに「エクストリーム・スポーツ」というイメージがある一方で、ジェイク・バートンは、スポーツの分類におけるスノーボードの立ち位置を二〇〇二年に出演したラジオ番組のインタビューで、次のように述べています。

> スノーボードがエクストリーム・スポーツである必要は全くない。安全にスノーボードをしている人は大勢いるよね。でも、より良い名前は、おそらくライフスタイルスポーツだと思う。スノーボードをしている若者や人々は、年中、スノーボードを生き甲斐にしているし、それが他の多くのスポーツとスノーボードを区別して

いる点だからさ。

この発言を換言すれば、あらゆる熱心なスノーボーダーにとってスノーボードは「単なる冬の遊び」という枠を超え、日常の過ごし方、すなわち「ライフスタイル（生活）」に影響を及ぼす活動になりうる、ということです。生活の核は衣食住なので、何を着て、何を食べ、どう住まうのか、といった生活の基部に「スノーボーディング」があり、「スノーボーディング」のことが様々な取捨選択の場面で脳裏に浮かぶ日常とも言えるでしょう。スノーボードの独自性はそこにこそあり、決して「過激さ」だけに魅力があるわけではないのです。「ライフスタイルスポーツ」という括り方は、スポーツの特性よりも「活動を行う主体」に軸を置き、「人とスポーツの関係性」に着目した考え方と言えるでしょう。

歴史的に見れば、「エクストリーム・スポーツ」や同義の「アクション・スポーツ」に分類される競技は、一九六〇年代に北米で誕生した比較的新しいスポーツです。他方で、古くからある陸上競技や体操、水泳、テニスやサッカーなどは「近代スポーツ」と呼ばれ、一八〇〇年代後半にルールや組織がイギリスで整えられ世界中へ広がりました。

「近代スポーツ」はオリンピックでの実施を含め、今日に至るまで、スポーツ界の主流を占めています。加えて述べれば、日本の学校教育における体育や部活動で行う競技も、伝統を持つ「近代スポーツ」が中心になっています。新しいスポーツであるスノーボードは、冬季オリンピック種目になって以降「競技」という認識が広まってはいるものの、高校単位で競い合う「全国高等学校総合体育大会（通称インターハイ）」の実施種目には入っていません。同様のことは、東京２０２０オリンピックから種目入りした、スケートボードやサーフィン、ＢＭＸなどにも該当します。

「カウンターカルチャー」としてのスノーボード

ボードスポーツを含む新しいスポーツは、伝統的な「近代スポーツ」とは「異なること」に存在価値を見出し、その根底には、一九六四年から一九七四年にかけてアメリカで広がった「カウンターカルチャー」との結びつきがあります。「カウンター」とは日本語で「対抗」や「抵抗」という意味です。カウンターカルチャー・ムーブメントは、豊かな生活と安定を重視するアメリカ中流社会の価値観を「物質主義」と批判し、そのような社会の主流を形成する「支配的な文化」に迎合することを拒み、精神的な自由や満足を求めるものでした。この背景には、当時のアメリカで起きていた黒人解放運動、女性解放運動、ベトナム戦争に対する反戦運動などの社会および学生運動の高まりがあります。カウンターカルチャー・ムーブメントからは、ヒッピーと呼ばれる独自のライフスタイルや、ウッドストック・フェスティバルなどの野外ロックコンサート、サイケデリックな音楽やデザインなど、それまでとは異なる様々な表現や文化が生み出されました。スケートボードやスノーボードとのつながりで述べれば、今日サンタクルーズ社のボードに描かれる「スクリーミングハンド」[図24参照]の生みの親として知られるジム・フィリップスは、当時からイラストレーターとして活動し、一九六七年には、サイケデリック・ロックバンドであるザ・ドアーズのポスターを手がけています[図32]。

スノーボードが一般に知られるようになるのは、一九八〇年代後半からですが、ジェイク・バートンは一九五四年生まれ、トム・シムスは一九五〇年生まれなので、スノーボードを作り出した二人はカウンターカルチャー・ムーブメントが沸き起こる中で多感な青年期を過ごしていたことがわかります。ベトナム戦争では多くのアメリカの若者が志願兵や徴兵として戦地へ向かい、海兵隊に従軍したバートンの兄、ジョージも一九六七年二月ベトナムで戦死を遂げています。バートンが少年時代に夢中になったスナーファーが発売されたのは、その翌年、一九六八年のことでした。

一九七三年、アメリカは戦争で初めて敗北しベトナムから撤退しました。スノーボードを抱えたスノーボーダーたちが雪山に現れ始めるのは、それからしばらくした頃ですが、スノーボードの歴史は、アメリカの戦時中、新しい価値観が「対抗文化」として鮮烈に提示される中で始まっていたのです。「エリート主義的な伝統的スポーツ」スキーに対置する「若者による新しい大衆スポーツ」スノーボードは、「雪山の対抗文化」でした。スノーボーダーたちは、スキーヤーに迎合せず、むしろ「異なっている」ことに価値を置き、自分たちの文化を雪山に持ち込もうとしたのです。その存在

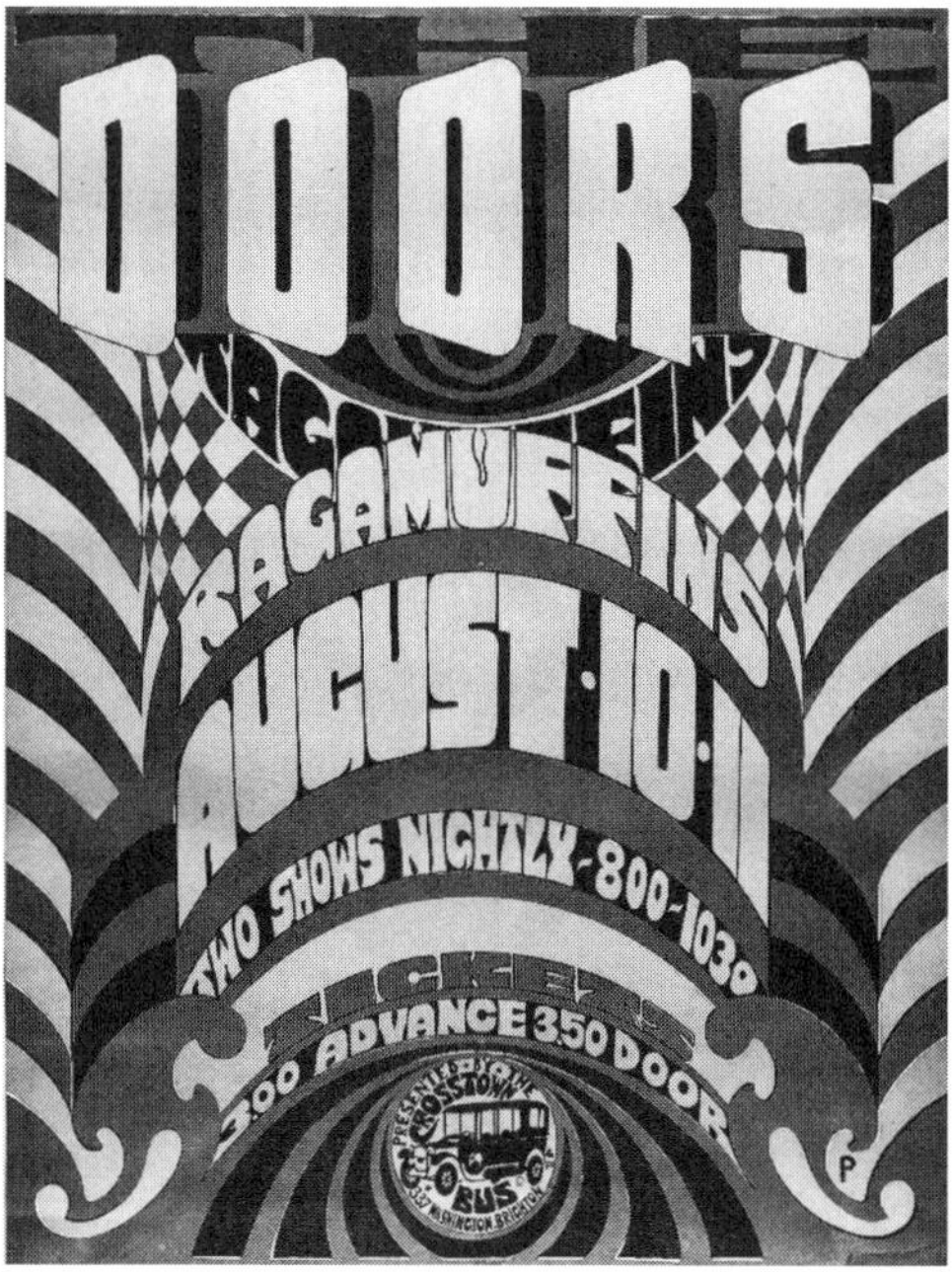

図32　The Doors *Crosstown Bus* Poster（1967年）

は当初こそ歓迎されませんでしたが、若者の熱狂が商機と捉えられた途端、状況は一転。今日スノーボードは、スキーヤーの数が減少していることもあり、冬レジャーの主流を形成しつつある、と言っても過言ではないでしょう。

きっかけは権威や古い価値観に対抗することで生まれた若者文化が、やがて共感と支持を集め、商業化を経て消費され、結果として一定の文化的地位を獲得する、という流れは、スノーボードに限った出来事ではありません。音楽やアート、ファッションなど「ポピュラー・カルチャー（大衆文化）」とされる分野で頻繁に起きている現象です。スノーボードは「若者を中心とした大衆文化」として発展し、「スポーツ」というよりむしろファッション性などを含む「ユース・カルチャー（若者文化）」という側面から注目を集め、新たな市場を切り開いてきました。その一例として、ドイツに本社を置く大手スポーツメーカー、アディダス社が製造するスノーボードブーツに注目すれば、そこには古くからある「トレフォイルロゴ」［図33］と呼ばれる三つ葉のマークがつけられています（20-21モデルまで）。実は、三つ葉のアディダスマークは、ストリートスポーツウェア製品につけられるものです。一方で「近代スポーツ」を中心としたアディダス製品には「バッ

図33　アディダストレフォイルロゴ

ジオブスポーツ（スポーツパフォーマンス）ロゴ」［図34］と呼ばれる右上がりの三本線マークがつけられています。「パフォーマンス」とは「性能」や「実績」を意味することから、こちらは勝つための製品であることがイメージされます。アディダスにおける、このようなスノーボード関連商品の位置付けは、スノーボードを単に「競う」競技としてではなく、ファッションや文化を含む「ライフスタイルスポーツ」として消費者に提示していることを間接的に伝えている、とも言えるでしょう。

図34　アディダスバッジオブスポーツ（スポーツパフォーマンス）ロゴ

スノーボードの独自性

「横向きに立って乗る」サーフィン・スケートボード・スノーボード、すなわち「3S」の発展を振り返れば、まずサーフィンがあり、サーフィンの動きを陸上で試みた人々によってスケートボードが発達し、サーフィンとスケートボードの動きを雪上でも楽しもうとした人々によってスノーボードが進展しました。「3S」の末っ子とも言えるスノーボードの文化は、雪山という「第三の遊び場」に持ち込まれたふたつのボード文化を基礎にして、応用と進化を繰り返しながら独自性を獲得してきたのです。ボードスポーツを核とするファッションブランド「ボルコム」（ＶＯＬＣＯＭ）の創業者リチャード・ウールコットは、スノーボードの存在を「サーフィンとスケートボードをつなぐ偉大な接着剤」と述べています。

　では、スノーボードだけが持つ独自性とは何でしょうか。最たるものは、重力の働きからの影響でしょう。動いている波に乗るサーフィンや、片足で地面を蹴り車輪を使って坂をのぼることもできるスケートボードとは違い、スノーボードは高い方から低い方へ、一方向に進むことしかできません。それは緩やかな初心者用ゲレンデでも、プロがコンテストで使うスーパーパイプでも同様です。平らなところでは止まってしまうスノーボードは、準備段階として上まで登る必要があるため、概して「降りることを楽しむ遊び」と言えるでしょう。だからこそ、どこを、どのように遊びながら、降りるのか、という点に個人の楽しみは集約されます。

　次にあげられる独自性は「遊び方」でしょう。スノーボードでは、サーフィン感覚もスケートボード感覚も、スキー場という「同じ場所」で楽しむことができます。例えば、自然地形を使った「遊び方」には「壁をのぼる」という動きがあります。この動作は、元々サーフィンで行われ、後にスケートボードのプールライディングに応用され、スノーボードにつながりました。天然のハーフパイプとも言われる沢地形やコースの横壁は、のぼったり降りたりして楽しめる絶好のスポットです。このようなゲレンデ内の様々な場所に積もった雪を利用して、自由な発想で楽しむ複合的な遊び方は「地形遊び」と呼ばれています。加えて「パウダーライディング」は、新雪が降り積もった日に限り可能な、浮遊感を満喫する遊びです。真っ白でふわふわなパウダースノーに魅せられる人は多く、スキー場の中には圧雪を行わない「非圧雪コース」を設けているところもあります。ただしパウダーライディングでは、ボードの後方に重心を置きノーズが埋まらないようバランスを取ることを忘れてはいけません。さもないと、ノーズが新雪に刺さり、身動きが取れなくなってしまうからです。他にも、スケートボードから発展したフリースタイル・スノーボーディングの「遊び方」をあげれば、大きく三種類に分けられるでしょう。ひとつは、グラウンド・トリック、通称グラトリです。板のノーズまたはテールを雪面に押し付けるプレスや、板の片側を引き上げ空中に飛ぶオーリーやノーリー、回転技の一八〇《ワンエイティー》や三六〇《スリーシックスティー》などの動きを比較的緩やかな斜面で行います。ふたつめは、コース上やパークに人工的に作られたキッカーと呼ばれる台を使って楽しむジャンプです。飛びながら板を掴む「グラブ」をしたり回転をしたり、複雑になるほど難易度も高まります。ちなみに、足が板に固定されているスノーボードでわざわざ板を「掴む」理由は、スケートボードの世界に技として存在しているためです。スノーボードの「グラブ・トリック」は、ほとんど全てスケートボードから転用され、同じ名前で呼ばれています。そして三つめは、ジブです。ジビングでは、コース上に設置されたレールやボックスなどの人工物を使いながら滑ることを楽しみます。アイテムに飛び乗りプレスやタップをしたり、回転しながら降りたり、ジャンプ同様、複雑になるほど難易度も高まります。そして、スノーボーディングが「滑り降りる遊び」である以上、どのような楽しみ方をするにせよ含まれる要素が「滑走」です。その中でも、体を傾けてエッジに乗り行うターンは「カービング系ターン」と呼ばれています。この「カービング」は「曲がること（curving）」ではなく「彫ること（carving）」を意味し、少ないズレで雪面を彫りながらターンするため、上手に「カービング」できれば、滑った跡が一本のラインのようになります。減速要素が少ないことからスピードを感じられ、急な斜面やアイスバーンでも滑走できるので、自由に動けるエリアは広がります。板をずらしながら進むスライド系（ドリフト系）ターンができるようになったらカービング系ターンにも挑戦してみると、エッジの使い方に慣れ遊びの幅も広がるでしょう。

このように、スノーボーディングでは、新雪ではパウダースノーの上で浮く感覚を満喫し、コースをスライドターンやカービングターンしながら「地形」で遊び、パークに入ってジャンプやジビングを楽しむ、といった様々なことを「スキー場」という一か所で、運良く新雪があれば一日で体験することができます。「遊び方」の多様性は、スノーボードが有する独自性のひとつでしょう。バラエティに富む遊びの要素を交ぜながらスノーボードで「自由に滑る」ことは、概して「フリーラン」と呼ばれています。

また、視点を変え「楽しめる時期」という点から述べれば、サーフィンとスケートボードが一年中行われる一方で、スノーボードは、雪がある季節に特化したスポーツです。もちろん、年中使用可能な室内ゲレンデや野外の練習施設、専用マットを敷き詰めた夏限定のサマーゲレンデなども存在しますが、自然に降り積もった雪でスノーボードを楽しめる期間は、日本の場合、概ね一二月から三月です。加えて場所に注目すれば、スノーボードは、商業施設であるスキー場が主たる「遊び場」であるため、リフト券さえ購入すれば、誰でも同じ条件で使用することができます。この点は「遊び場」の使用そのものに金銭のやりとりを介さない、海という共有財産を使用するサーフィンや、公共の路上や公園を使うスケートボードとは異なります。しかし、前者には「暗黙のルール」が存在し、後者には「禁止」されている場所が多いこともまた事実です。スノーボーダーには、管理・整備された専用の空間が各地に多数用意されています。名称を「スキー場」から「スノーパーク」や「スノーリゾート」に変更する風潮も見られます。冬季限定ではあるものの、誰でも安心して自由に楽しめる「遊び場」を持っていることは、スノーボードが有する特徴と言えるでしょう。

スノーボードの楽しさ

では、スノーボーディングは、なぜ、楽しいのでしょうか。理由のひとつは、スノーボードが運んでくる「非日常性」に見つけられるでしょう。ブーツの紐を締め、ボードを雪上に置き、バインディングで足を固定した瞬間から「非日常」は始まります。構造面からみてもスノーボードは「乗るもの」というよりむしろ「装着物」に近く、体が「拡張」されているような状態になります。ボードから離れられるサーフィンやスケートボードとは異なり「常時密着」が基本だからです。したがって、一旦ボードを装着すれば、左右の足を別々に前後に動かすことはできません。この状態は、普段行っている「歩く」という動作からの「解放」とも言えるでしょう。平らな場所では、両足でぴょこぴょこ飛び跳ねながら進み、斜面では、両足の足首と膝、股関節を曲げ、体重を前後左右に移動させながら「横向き」で滑り降ります。

３Ｓに共通する進行方向に対して「横向き」に立つという姿勢も、スノーボーディングが「非日常」を感じさせる大きな要因でしょう。なぜなら私たちは、普段わざわざ横を向き、肩を前にして進むことはないからです。細すぎる路地を通る、といった特別な場面に出くわさない限り、私たちは進む方向に体の正面を向けます。一方、スノーボーディングでは、肩越しに進行方向を見る「横向き」姿勢が基本になります。板の向きを、斜面に対して横から縦にすると直滑降になり、たちまちスノーボードは勢いよく滑り出します。そのため、安全な停止ができない段階では非常に危険です。そこで最初は、日常と同様に体を正面に向け、かかと側のエッジに乗せた体重を前後左右に移動させながら、ジグザグに斜面を降りる通称「木の葉」と呼ばれる滑り方を行います。板を装着した体の動きに慣れ、ノーズから進む「横向き」姿勢をとれるようになれば、連続ターンも可能になるでしょう。

「横向き」の動きに加えてスノーボーディングが運んでくる楽しさには、「スピード」があります。スノーボードと一体になることで私たちは「二足歩行で過ごす日常」の何倍も速く空間を移動できるようになるからです。もちろん自転車やオートバイに乗ることで感じられるスピードもあります。しかし、自分の背丈から見える世界を「横向きで駆け抜ける疾走感」は、スノーボーディングだけが提供できる「未知の感覚」に他ならないでしょう。プロや上級者を除き、ゲレンデを滑る一般スノーボーダーの速度は、時速約一〇キロから二〇キロと言われています。人が歩く平均速度は時速約四キロ、軽いジョギングでは約七キロというデータがあるので、スノーボーディングでは少なくとも、歩く速度の倍以上のスピードが出ていることになります。もちろん「速さの追求」がスノーボーディングの楽しさではありません。スピードの出し過ぎは厳禁ですが、「二足歩行で過ごす日常」より速く、スーッと動いて行く感覚は「滑る」という行為だけが持つ特徴です。

　ところで、スピードを感じながら滑り降りる原体験といえば、「滑り台」をあげる人は多いことでしょう。幼い頃、公園や室内に置かれた滑り台を、声を上げながら滑り降りた記憶は、ありませんか。小さな子供にとって高い所から滑り降りる行為は、たとえ緩い傾斜であっても最初は「恐怖」を伴うものです。怖いけれど試してみたい、そんな衝動に背中を押され、スーッと下降を始めた瞬間の「スリル」。そして、無事に滑りきった後に押し寄せてくる「興奮」。本質だけを見れば滑り台もスノーボーディングも大差はありません。楽しんでいるのは、「滑り降りる」という動きが私たちに与える「ワクワク感」だからです。公園の子供たちも、ゲレンデのスノーボーダーたちも、その感覚を再び味わうために「登っては降りる」を繰り返します。スノーボードの装着は「スピード」を加速させるため、スリルや興奮も比例して増幅していると考えられるでしょう。

　そして、スノーボーディングの楽しみは、実はゲレンデに行く前から始まっています。スノーボードは道具を使うスポーツなので、技術的な段階や楽しみたいことを考慮しながら、最も相応しい用具を探すこともスノーボードの楽しみには含まれます。自分のために選んだスノーボード用品を装着して、ボードを「拡張された体の一部」と認識できるようになれば、楽しみは尽きません。ゲレンデで、思い通りに、好きな場所へ行けるようになるからです。もちろん、そうなるまでは、「違和感」や「不自由さ」を感じるかもしれません。しかし、両足が固定されていることで感じる「不自由さ」は、やがて、両足が固定されているからこそ可能な「自由」へと変化してゆきます。したがって、スノーボードという「装着物」を「体の一部」として使いこなせるようになる過程にもスノーボードの楽しみは見出せるのです。

スノーボーディングとは何か

スノーボーディングは、ひとりで行うスポーツです。単独で成立する活動なので、スキー場のリフトさえ動いていれば実施可能です。対戦相手が不要なので勝敗もありません。自分自身と向き合い、好きなように遊ぶ時間をスノーボーディングは与えてくれます。もちろん、スノーボーディングは、他者とのコミュニケーション手段にもなります。交友を深めたり、新しい出会いを求めたり、思い出を作ったりするために、人は誰かと一緒に、スノーボードに出かけます。多様な遊び方を有するスノーボーディングを通して、向上心や探究心が刺激されれば、単独でも、複数でも、ゲレンデに足の向く回数は自ずと増えることでしょう。なぜなら、もっと上手に、より格好良く滑れるようになりたい、と考えるようになるからです。

「遊び」の研究で知られるオランダの歴史家ヨハン・ホイジンガは、「自然は我々に、緊張、喜び、面白さというものを持った遊戯を与えてくれた」と述べています。山の斜面に積もった「雪」を使って行うスノーボーディングは、自然現象によって成立している「遊び」で、私たちは正に、「雪に遊ばせてもらって」います。スノーボーディングを通して、地球温暖化をより身近な問題と感じるようになったり、行動変容につながったりすることもあるでしょう。気温が下がらなければ、雪は降らないからです。ホイジンガはまた「遊び」とは、「自由な行動で、命令されてするものではなく、大人にとっては、しなくても構わない、余計なもの」としています。確かに「遊び」は「余計なもの」かもしれません。しかし、決して「不要なもの」ではありません。年齢を問わず人は、「遊び」に頼り、救われ、生かされていることもまた、事実だからです。作家の東野圭吾もエッセイ集『ちゃれんじ？』（実業之日本社、二〇〇四年／角川文庫、二〇〇七年）に、「スノーボードを始めたことで、いろいろな人と子供のように遊ぶ機会が増えた。おっさんというのは、じつはいつまでも子供に戻りたがっているのだ、というのもスノーボードによって確認したことである」と記しています。

スノーボードが運ぶ「楽しさ」に「非日常性」があることはすでに述べましたが、ここにも、ホイジンガの分析を援用することは有用です。ホイジンガは「遊び」とは、「日常生活から、一時的な活動の領域へと踏み出してゆく、利害関係を離れた、それだけで完結している行為」としています。雪が降らない地域に住んでいる人にとっては、積雪地域に行く、という移動そのものが、日常から非日常への没入でしょう。そして、一旦スノーボードを装着すれば、スノーボードは私たちを「歩く」という「日常の動作」から解放します。私たちは、もはや「滑り降りる」ことしかできなくなり、目の前に広がる雪の世界だけに集中して「雪山で完結する満足」を得るのです。それは、居住地を問わず、スノーボーディングという活動そのものが人に体験させる「非日常」に他なりません。

ホイジンガの研究を発展させたフランスの学者、ロジェ・カイヨワは、「遊び」を次の四種類に分類しています。

（1）回転やスピードなど「スリルを楽しむ遊び」
（2）スポーツ競技に代表される「競争を楽しむ遊び」
（3）ルーレットや賭け事など「運を楽しむ遊び」

（4）物真似や演劇など「模擬を楽しむ遊び」

滑り降りることを楽しむスノーボードは、「スリルを楽しむ遊び」という側面が強いことは確かですが、細かく考察すれば、アルペンスタイルやスノーボードクロスでは「競争」を楽しみ、新雪がある日に滑ることができれば「運の良さ」を喜び、他人の滑りやトリックの「模擬」に挑む面白さも、スノーボードには含まれます。総じてスノーボーディングは、遊びが持つ多種多様な要素を包括的に内在した「遊び」と言えます。

では、最後に、なぜ人は横向きで板に乗り滑りたいのでしょうか。その答えは、人が「思い通りにならないこと」に魅力を見出し、それを「自分のものにする過程」に、楽しみや喜びを感じるからでしょう。初めてスノーボードを装着した状態は、不自由極まりなく、横向きで滑り降りることは、恐怖そのものです。しかし、自分自身の動きが「思い通りにならない」ことを「遊び」、そのスリルを楽しむ。雪に囲まれた世界は、私たちを非日常へと誘い、逆エッジの嵐に、なぜ貴重な時間やお金を消費してまで挑んでいるのか、痛みに耐えながら自問自答する状況を、価値ある気晴らしへと転換させてくれます。

もしかしたら、人は「横向きで板に乗り滑れるようになりたい」のかもしれません。日常とは異なる動きを身に付けることは、非日常の世界を楽しめるようになることを意味するからです。３Ｓの中で板に足を完全に固定するのはスノーボードだけですが、最初から、そのような構造だったわけではありません。スノーボードの歴史が始まった頃の板は、足先を差し込むバンドが付いている程度でした。やがてスノーボードには、足を完全に固定するためのバインディングが固着され、ボードと人は完全な「一体化」を果たします。構造から見れば、スキーも用具で足を固定していますが、左右の足を離すことも、正面を向いたまま前進することも可能なため普段の姿勢を保つことはできます。他方でスノーボードは、異なります。私たちは、スノーボードを装着した瞬間から「横向きで滑るための姿」に変わります。すなわち、「スノーボーダー」に「変身」して、独特な動きを始めるのです。

非日常という「遊び場」での経験を、いくらかは持ち帰り、私たちは日常を過ごしています。あのときのことを思い出したり、次にあそこへ行ったときのことを想像してみたり。無意識のうちに気持ちを非日常空間へ向かわせることで、人は、日常と非日常の境界線を曖昧にしようとしているのかもしれません。そして、スノーボーディングという「楽しい営み」は、「冬の雪山」という日常から遠く離れた場所だけにあるわけではありません。スノーボードが要求する「横向きに立って滑る」という「非日常的な動き」に対応しようとすれば、変化する日常があるからです。それは、体の使い方から、時間やお金の捻出にまで及びます。スノーボーダーは、街に帰ってもスノーボーダーで、スノーボードがライフスタイルスポーツである所以は、そこにあると言えます。

幼い頃、滑り台を初めて滑り降りたときのようなワクワク感を、スノーボードは蘇らせます。滑り台を横向きに立って滑り降りることは危険なので、絶対にしてはいけません。雪山へ行きましょう。スノーボードを装着して「変身」するだけで、「非日常」が待っているからです。

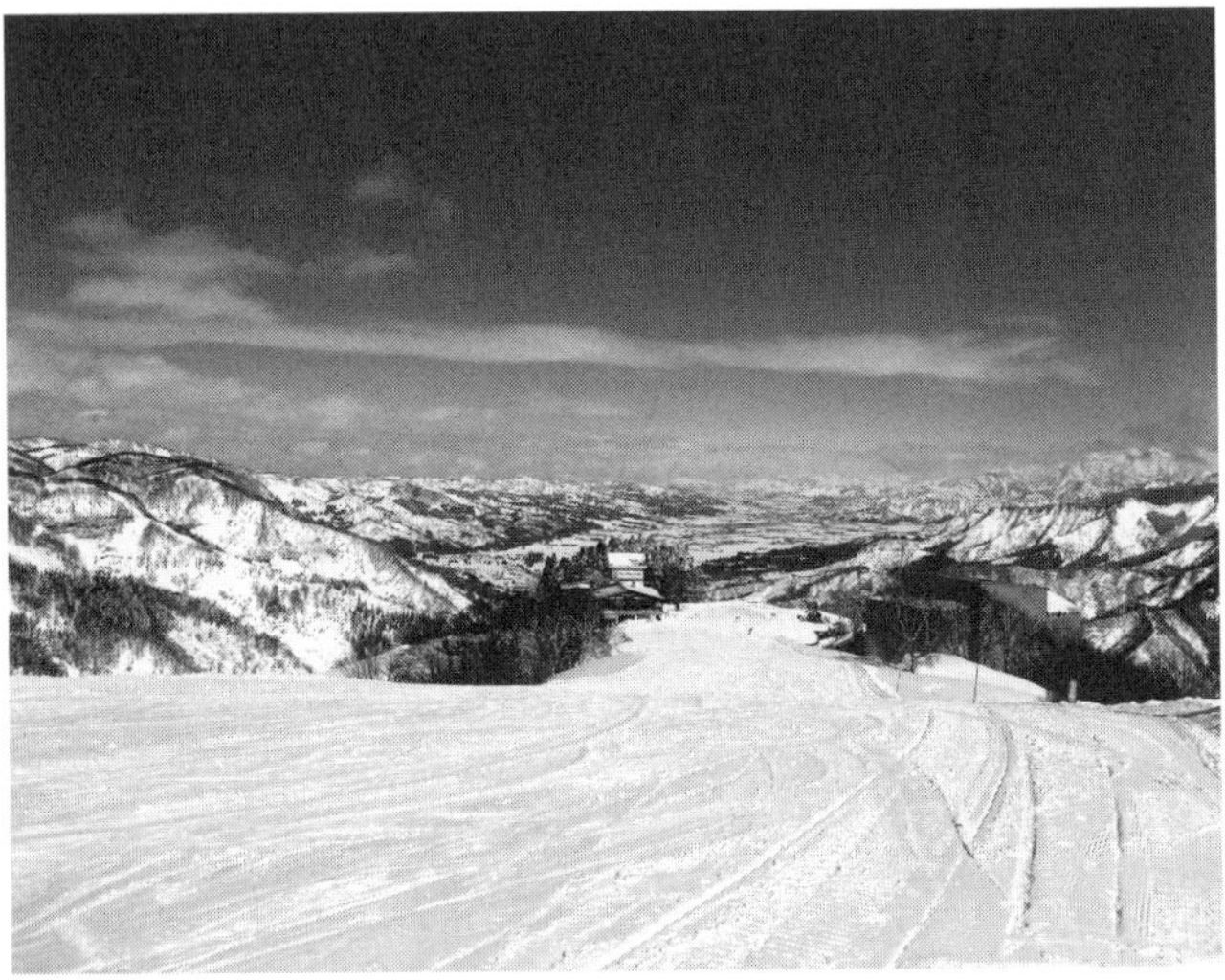
（筆者撮影　新潟県）

第III部

日本で生まれた
「足を固定できる」
世界初のスノーボード

インタビュー

田沼進三（パイオニアモス社）

『スノーボードの誕生』を執筆しながら、もし可能であれば、会ってお話を伺ってみたい、と考えるようになった人物がいます。「スノーボード作りの先駆者」であり「スノーボードの歴史の証人」とも言える、パイオニアモス社創業者、田沼進三氏です。すでに述べたように（三六〜三九頁）、固定式バインディングがついたスノーボードを世界で初めて製品化し販売した会社は、日本のパイオニアモス社でした。時は一九七九年、米国のジェイク・バートンやトム・シムスより早い時期に、田沼氏は「ボードにバインディングをつける」という発想を具現化した製品、モス・スノースティック（MOSS snowstick）を世に送り出しています。それは、スノーボード以前に誕生した、雪用サーフボードでした。

スノーボードの歴史上、一九七〇年代に、日本国内で、日本人の手によって、今日のスノーボードの原型「足を固定できる雪用ボード」が生み出されていたという事実は、大きな意味を持ちます。だからこそ、田沼氏自身の言葉で世界初の固定式バインディングがついた雪用ボードの誕生秘話を語って頂き、本書『スノーボードの誕生』巻末に特別対談として収めることに意義を見出しました。インタビューは二〇二一年一月、新型コロナウイルス感染予防対策を行いながら実施し、写真撮影時のみマスクを外していま

図35　1969年創業パイオニアモス社クラシックロゴ

す。折しも二〇二一年は、田沼氏が初めて雪用サーフボードを試作した一九七一年から丸五〇年を迎えるという節目でもありました。

サーフボードの製造販売から始まったパイオニアモス社は、温暖な湘南エリア、神奈川県藤沢市にあります。駅から少し離れた幹線道路沿いに建つ白い社屋の外壁には、波に乗るサーファーとパウダースノーを巻き上げるスノーサーファーの大きな写真がデザインされ、この会社が海用と雪山用のボードを手がけていることを伝えます。建物内の階段沿いには、歴代のモス・スノースティックとモス・スノーボードが何本も並び、まるで記念館で展示を見ているような気分に。一方、案内された三階の部屋は、木材で覆われた壁のそばにサーフボードが立てかけられ、ウェットスーツやTシャツが吊るされていることから、ビーチハウスのような雰囲気です。そこへ鯨のシルエットが編み込まれたセーターを着た田沼進三氏が現れ、インタビューは始まりました。

図36　雪用サーフボード、モス・スノースティック現行ロゴ

1
きっかけはサーフボード作り

田沼さんが生まれた一九四七年は、ちょうど日本に本格的にサーフィンが入ってきた時期です。サーフィンは、子供の頃から身近な存在でしたか。

鎌倉の海のそばで育って、子供の頃身近にあったのは、サーフィンよりヨットでした。鎌倉や葉山の海岸は東京に近いリゾートなので、ヨット遊びをするためにやってくる人たちがいるんです。親父は金持ちではないんですが、海岸にあるヨットのレンタル業者で働いていたので、その仕事を少し手伝ってはヨットに乗せてもらったりしていました。ですからヨット遊びを覚えたのは中学の頃。サーフィンと関わるようになるのは、高校に入ってからです。近所の子が手作りで一生懸命にサーフボードを作っていたんですよ。だけどうまくいかない、というので、手伝ってあげることにしたんです。

■本書でも触れているように（三六頁）、田沼少年は高校で科学部に入りロケット作りに勤しんでいました。その過程でグラスファイバーと呼ばれる「ガラス繊維強化プラスチック」という素材を使った加工にも取り組んでいました。

田沼さんにとってグラスファイバーは、どのような素材でしたか。

ヨットも木製からプラスチック製になり、グラスファイバーで作られるようになってきた時代でした。海のそばだから鉄だと錆びてしまうし、木だと腐ってしまう。グラスファイバーは錆びないし腐らない新素材ということで、そこに夢を持ったんですね。近所の子はサーフボードを模型飛行機の羽のように、木で作った枠組みに紙を貼るような構造で作ろうとしていました。そして最終的に防水性を高めるために、グラスファイバーを巻こうとしていた。でも、それがうまくいかない。そもそも中身を木で作るのも大変なので、色々調べてみると、外国ではサーフボードをウレタンフォーム、その時代はクラークフォーム

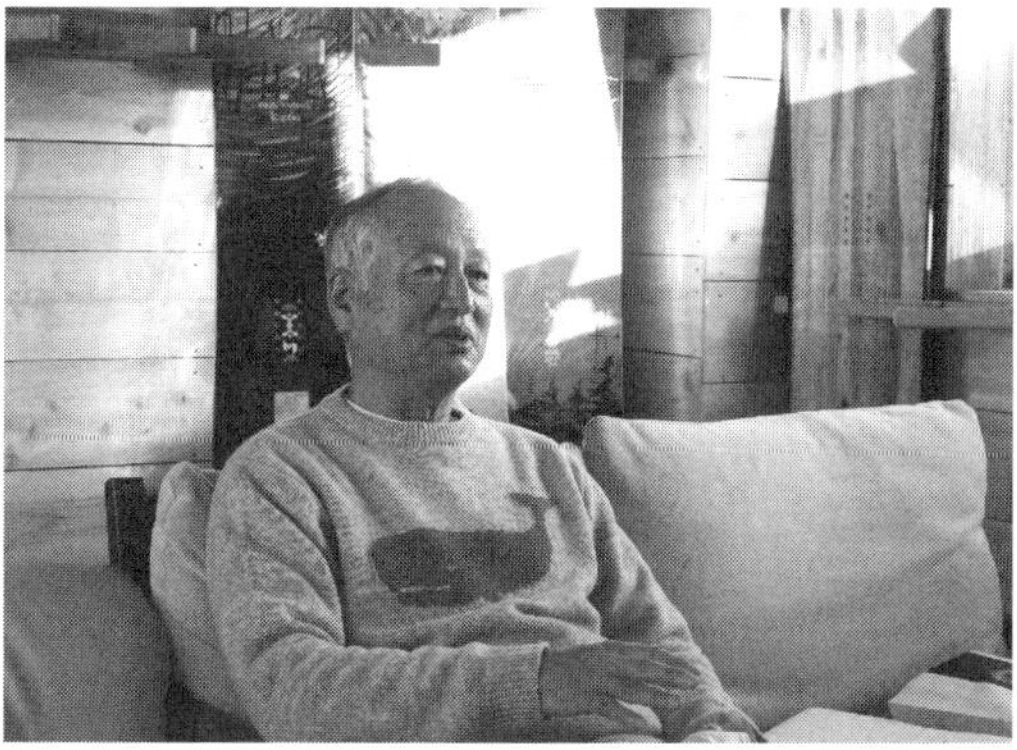

図37　パイオニアモス社創業者，田沼進三氏

と呼ばれていた素材で作っている、ということがわかって。それを知ってからは、日本国内でも同じようにウレタンフォームでサーフボードを作ることはできないかと考えるようになりました。

具体的には、どのように進めたのですか。

日本ポリウレタンという会社に問い合わせて話をしたんです。もちろん事前に自分でも調べて、本を読んで勉強もしました。高校生でしたけど、ロケット作りのこともあったし、部活動の一環ですから（笑）、どんどん訪ねて行って使い方を教えてもらったんです。材料も分けてもらって、自分でもやってみました。A液とB液というウレタンの原液を混ぜ合わせてベニヤ板で作ったボードの型に流し入れると、パンみたいに膨らんでくるんです。膨らみ終わったらノコギリで切って真ん中に木を入れて、グラスファイバーで仕上げて。当時のサーフボードはロングボードなので長さは三メートルくらい。雑誌を参考に見様見真似で作りました。

その自作したサーフボードに乗って、サーフィンはしましたか。

当然、乗りましたよ。でも、サーフィンを上手になることよりも、もの作りをするためには試さなくちゃいけないから、そのために乗る。作るために乗る感じです。それが僕のサーフィンの歴史。スノーボードでも同じですよ、別にプレイヤーとして一流になりたいわけじゃない。ものを作るためには、スノーボードもしないと作れないから、やるんです。

2 モテるために作った雪用サーフボード

■一九六九年、サーフィンのプレイヤーである知人と二人でパイオニアモス社を立ち上げ、その二年後の一九七一年に、雪用サーフボードの原型が誕生します。

雪用サーフボードを作るきっかけは、女の子たちのグループからスキーに誘われたか

ら、なんですよね。

そうです。その頃になると会社には四人位一緒に働く仲間がいて、その中のひとりが、東京の女の子のグループとつながりができて、スキーに誘ってくれたと。それなら、俺たちはスキーができないから、ちょっと違うものを作ろうよ、みたいな話になって。それぞれのアイデアで乗るものを作って、遊びのための社内コンペをすることにしたんです。

新製品になるかもしれない、という予感はありましたか。

無いです。そのとき、商売のことは全く考えにありませんでしたね。ただ女の子にモテたいだけ（笑）。グラスファイバーなら色々なものが結構簡単に作れるんです。ウレタンフォームを削ってグラスファイバーを巻けば形になるので。僕はちょっと凝っていたからエッジも付けたり。だけどその時点で、ビンディングをつけるという発想はありませんでした。板の上に乗るだけ。その頃サーフボード用に表面をザラザラにするスプレーが売っていたので、それをでき上がったボードに塗って、スニーカーを履けば、なんとか雪の上でも乗れるんじゃないかと考えたんですね。サーフィンにもリーシュコード（注：板と体をつなげ離れないようにする紐。流れ止め）はついているので、それにも、つけていたと思います。

雪の無い湘南で、いろいろ想像しながら作ったわけですね。

そうです。

ちなみに田沼さんは、その時点でスキーのご経験は。

無いですね。

すると、雪そのものを理解する取り組みも、必要ですよね。

もちろん。だから資料を集めて作っていました。色々と調べますね、僕は。他の人たちはスケートボードのようなものだったり、割と行き当たりばったりで、やっていましたけどね。資料を元にスキーとの兼ね合いなども考えました。そして各自が作ったものを持って女の子たちと赤倉温泉スキー場に出かけたんです。

いきなりですか！　事前に自分たちだけで、どこかへ出かけて、試したりはしなかっ

たんですか。

しなかったですねぇ。赤倉の、リフトもない小さなキッズゲレンデに持って行って、誰が一番上手に乗れて、誰の板が一番良いか、テストをしながら遊んだんです。

女の子たちからの反応は、どうでしたか。

誰々のが一番良く滑っているんじゃない？　とか話したりはしていたけれど、女の子たちはスキーは上手だけどサーフィンはできないし、こっちはスキーができない。だから、最初はキッズゲレンデに一緒にいたけれど、しばらくすると「ちょっと自分たちはリフトのあるコースに行ってくるね」「じゃ、また後でね」みたいな感じになって。でも、こっちは、まぁ男の子の方が子供なので、そこでずっとワイワイやっていましたね。

せっかく一緒に行ったのに、一緒には遊べなかったんですね。

でも後で合流するし。アフタースキーの方が盛り上がるから（笑）。

そこですか（笑）。ところで、初めて雪用サーフボードに乗って雪の上を滑った感じ

は、どうでしたか。

楽しかったですよ。キッズゲレンデを歩いて登って、乗って滑って、最後は民宿にぶつかって止まる、という（苦笑）。サーフィンと同じですよね、パドルして沖に行って乗る。でも、はっきり言って、あんまり上手には滑れてないですよ。板は真っ直ぐに進むけれど、体は右に行ってしまう。ボードと体の連結ができていない、横抵抗に対して板がついてこないからターンができないんです。もう、真っ直ぐ行くしかない。

直滑降、ちょっかるしかない、と。

そう。ちょっかって、バランスとって、ひっくり返って、わぁ〜！となって終わる。サーフィンで、曲がれなくて、真っ直ぐ行ってワイプアウトしちゃうのと同じなんです。サーフィンは、それで十分、楽しいわけですよ。だから雪の上でも、そのときはそれで面白かった。ただ、ちゃんとは滑れていない。さて、どうする、と。次のシーズンも、じゃあ作るか、と思ったりもしたんですけれど、女の子たちとのつながりが、段々と消えていってしまって（苦笑）。結局、何も作らずに、それっきりで終わってしまうんです、そのときは。

そうでしたか（苦笑）。次に動き出すのは、いつ頃だったんですか。

七六年頃ですね。アメリカの雑誌「PLAYBOY」の記事の中に、雪の上での遊びの特集があったんです。それを見て「なんだ、同じようなことを考えている奴がいるぞ」と。じゃあ、もう一回やるか、となったんです。

雑誌の誌面には何が載っていたのか覚えていますか。七六年の時点でアメリカでは、スナーファーやミロビッチによるウィンタースティックがすでに発売されています。

多分、ウィンタースティックのスワローテールではない方、テールが丸い方だったと思いますね。スナーファーも載っていた気がします。

そして新作を、作り始めるわけですね。

そう。そのとき、七七年に作ったのが、これ。

■田沼さんが指差した先、すぐ横の壁に、現物が無造作に立てかけられていました。

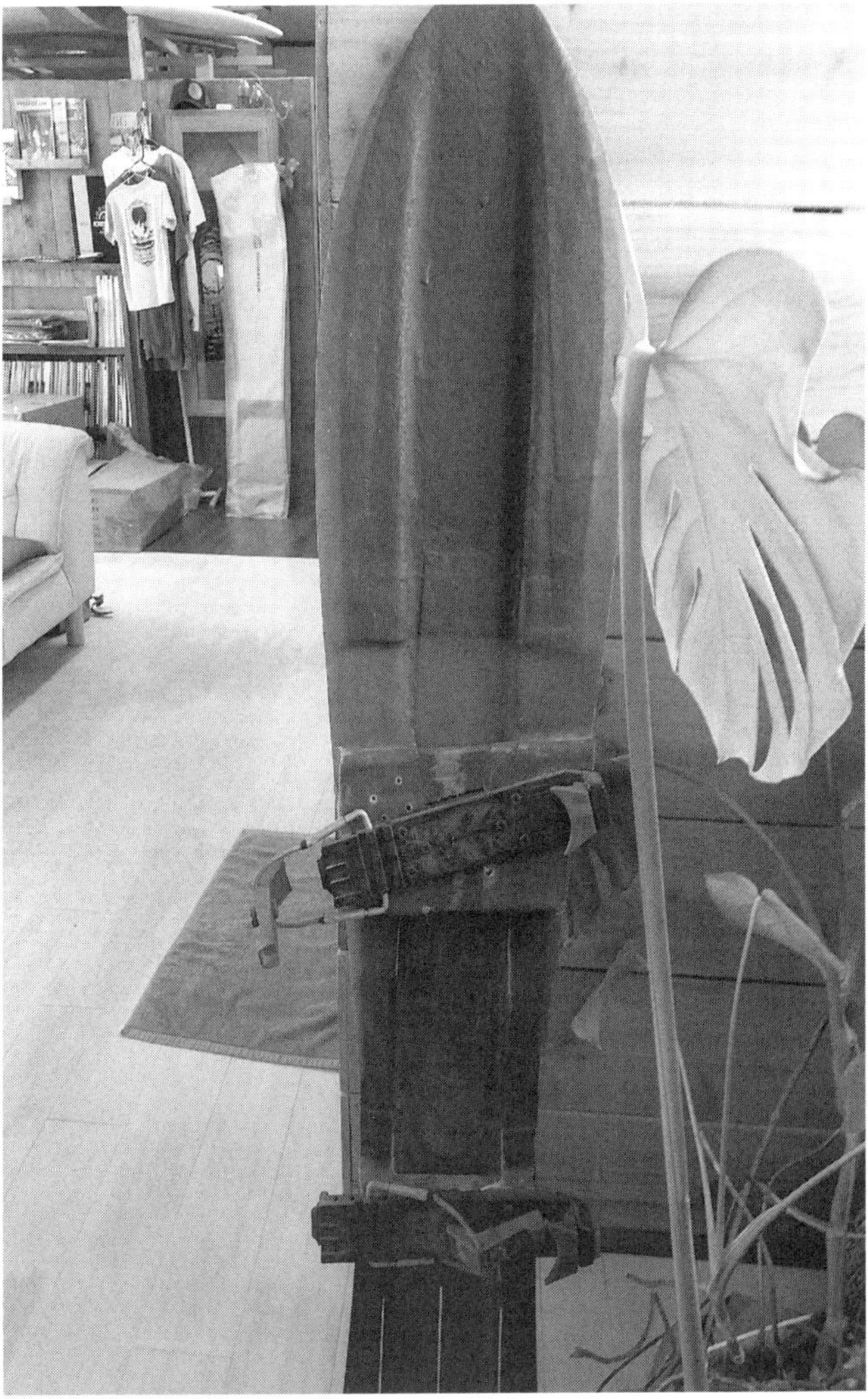

図38　77年に製作されたプロトタイプ

3 モス・スノースティック誕生

七一年に初代を作ってから約六年後、このときは、どんなものを作ろうと考えていましたか。

ちゃんと滑れるものを作りたい、と思って始めましたね。七一年のとき、何がどうダメだったのかを思い起こすと、板と足がくっついていないことが問題だったと。ウィンタースティックを見ると、足を挟む紐がついていたりするんですよ。そこで、じゃあ水上スキーのスリッパのようなものをつけるのはどうかと考えてみたり。でも固定するなら、上だけがパンと外れるようになっているスキーの開放型のビンディングというのがあったので、それでいいんじゃないかという話になって。それを板に固着させようと。

田沼さんの中では、七一年に赤倉のキッズゲレンデで初めて試した時点で、足は板に固定させた方がいいという確信があったわけですね。

そうです。足を固定させなければ何もうまくいかない。

■写真からもわかるように、七七年に作られた板には、スキーのバインディングがついています。表から見ると凹んでいる中央の細長い部分は、裏からみると押し出されたように出っ張り、横にすると、そのスキー一本分程度の幅が雪面と接する構造になっています。そして持ってみると、かなり重い。

重たいですよ、全部グラスファイバーでできていますから。裏に段差をつけたのは、角度をつけたときに、外側のアール（曲線）に沿って曲がるから。サーフィンはどちらかというとテールだけで乗るんですよ。後ろにフィンがついてるじゃないですか。あそこを軸にして回るんです。そこで七七年は、スキーとサーフィンの融合体を作りました。取れてしまっているけれど、フィンと同じ働きをさせる出っ張りもつけていました。茶色の部分は実は後から足しています。長さを長くしたり、幅を広くしたり、試行錯誤しながら作りました。

当時、ウィンタースティックやスナーファーの現物を見たことはありましたか。

いや、見ていないですね。写真だけです。ものを作るときに、あまり人の作品から影響を受けることが好きではないので。自分で発想していく方が面白いじゃないですか。リスクや商売のことを考えているんじゃなくて、どうやったら上手く遊べるか、それしか考えていないので。

なるほど。製品化を前提にしたテストでは、誰がライダーとして乗っていたんですか。

ライダーなんていないです、最初は。その頃は、平日は普通に仕事をして、サーフボードはもちろんですが、食べていくために、自動車のバンパーやトイレのボディなど、グラスファイバーで作るプラスチック製の部品も作っていました。それで、金曜日に次のアイデアを入れたボードを作って、夜にそれを積んで車で走って諏訪湖の方にあるスキー場に行ったり、当時は横浜に人工雪の室内ゲレンデがあったので、そこに持って行ったりして、週末、考えたアイデアが上手くいくかどうか自分で乗ってテストしていました。会社にひとり、こういうことが好きな子がいて、一緒に行くこともありましたよ。お互いアイデアを出し合って、どっちの方がうまくいくとか、これを取り入れようとか、やっていましたね。

どんな滑り方ができるボードを作ろうとしていたのですか。

サーフィンと同じことを再現したいだけなんです。どうやったら上手く曲がれるか。Surfing on Snow なんです。

■そう言うと田沼さんは、モス・スノースティックの発売を告知するために作ったという、七〇年代当時のパンフレットを取り出して見せてくれました。

そこには、次のように書いてあります。

ＮＥＷアクションスポーツ

雪山のビッグスロープで、あのサンセットビーチの10フィートウェーブのスロープを滑り降りる快感を味わうことができたらどうだろうか？

そんな発想から7年が過ぎた。今、ＭＯＳＳスノースティック開発チームは、この発想を満たすことのできるユニークなスノーサーフィン用スノースティックを完成、

79年秋発売することになった。

又、この新しいスポーツ、スノーサーフィンは、近年ヨーロッパ・アメリカでもはやり出した新しいアクションスポーツです。このスノースティックの特徴は、両足がスキーの様にビンディングで固定されていることです。追求するサーフィンアクションの中で君は足がサーフボードから離れなかったら、もっとするどいアクションができるのではないかと思ったことはなかっただろうか？このスノースティックでよりアクティブなウインターライフを過して見ようではないか。

●MOSSスノースティックの安全について

1本のスノースティックに2本の足を固定するため、スキーの様に2本の足がバラバラになることはありません。また、長さ1m35cm、巾25cmというコンパクトな設計のため、軽量かつ体の転倒と共に回転するので足を折る様なことはないでしょう。アイスバーンで滑る時はヘルメットを着用した方がよいでしょう。

●ゲレンデで滑る時は、多くの他のスキーヤーによく注意して滑る様にして下さい。

●アイスバーンや新雪では充分注意して滑って下さい。

ここに書いてあることが、やりたかったことです。サーフィンのアクションが何かと言うと、波の高さが例えば一メートルだったとすると、そこを下ってターンをするんです。波の上では波が上へ向かって流れているので力を抜くとふわっと体が浮いてくるんです。そして上に上がったら、荷重をかけると降りてゆく。波は崩れていくとき左右に広がるんですけれど、その広がって行く方向に滑りながら波頭に降りたり波の下に行ったりしてスラロームをするわけですね。このサーフィンの動きを雪の上でもやりたかった。イメージとして例えると、ハーフパイプの片方の壁をのぼったり降りたりするような動き、それを最初からやりたかったんです。

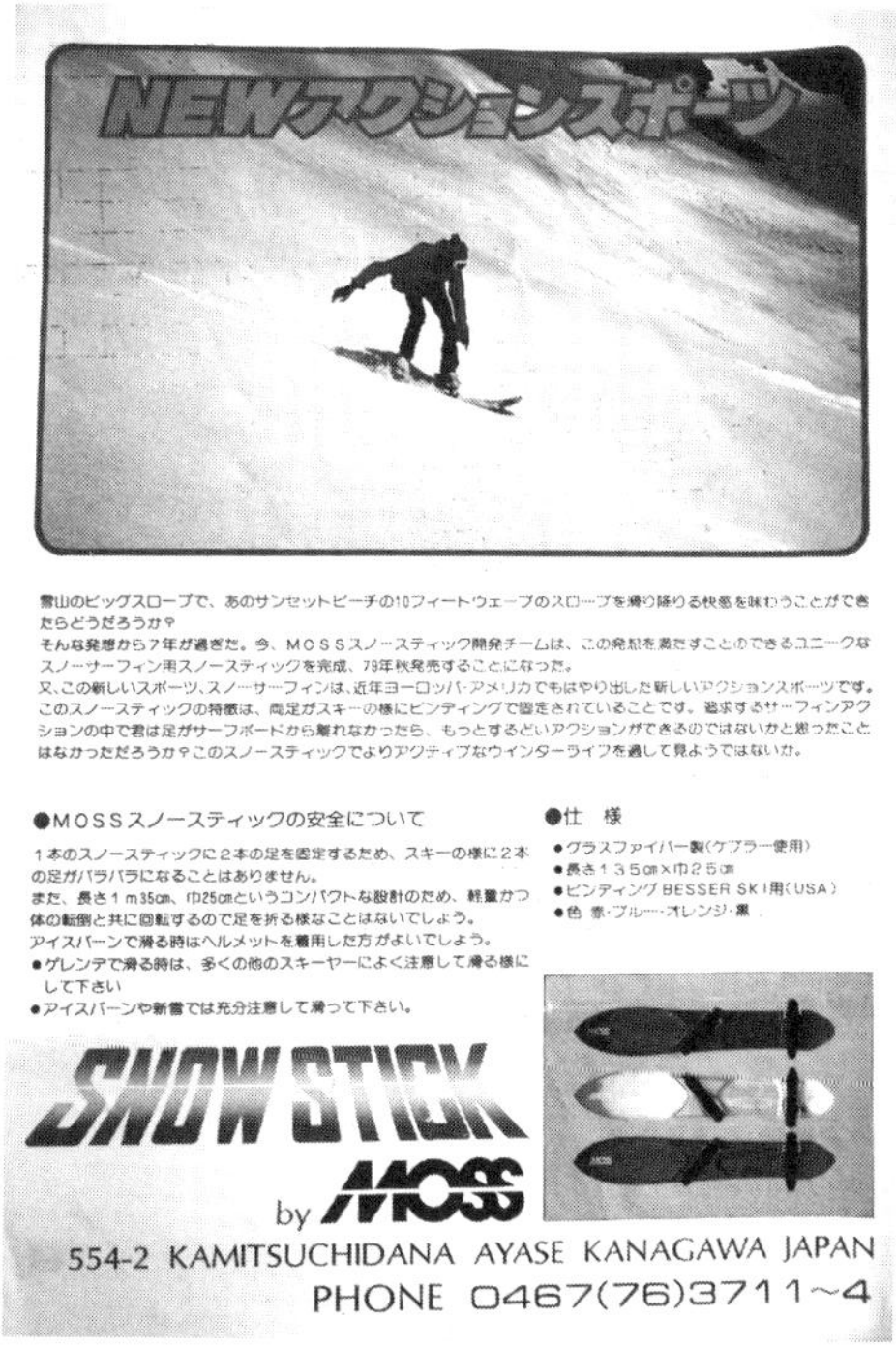

図39　モス・スノースティックの発売を告知するパンフレット

スラロームと言っても、圧雪された平らなコースを滑るのではなく。

それは、バートンさんがやっているスノーボード。スノーボードでは平らなところをスラロームするわけですけれども、僕がやりたかったのはスノーサーフィンだから。サーフィンでは波の壁をのぼったり降りたりするので、それを雪の壁でやりたかったんです。

でも、テストされていた人工雪の室内ゲレンデに雪の壁は、ありませんよね。

ないですよ、それは。単純に平らな所しかないです、スキーのための場所だから。

そこで、どうやって開発を進めたんですか。

サーフィンで壁みたいなところをターンする場合、エッジを使ってノーズの方からターンする方法と、後ろ荷重でフィンを使ってピボット（回転軸）で回る方法と、二通りあるんですね。サーフィンでは荷重と抜重の運動を前後で行っていますが、スキーでは、どちらかというと左右で行う。サーフィンとスキーは原理が違うんです。そこで、サーフィンでするターンの原理と、スキーでするターンの原理と、自分たちがやりたいことと、条件が雪の上ということを複合的に、色々考えながら開発を進めました。

その上で、足の固定が不可欠だったのは、なぜですか。

固定しないと抵抗が取れないからです。力の方向を変えるためには抵抗が必要だから。サーフィンにフィンがついている理由は、横抵抗をするため、テールが流れないようにするためです。力の方向を変えるには必ず何らかの抵抗がないとダメなんですよ。何か抵抗があるから真っ直ぐ進んでいるものも曲がることができる。今スノーボードをやっている人は自然にやっていることだけど、ターンしようとしたとき、前足の方のエッジの抵抗は小さくして、後ろ足の方の抵抗を強くして、サイドカーブに乗って曲がってゆきますよね。足が板に固定されていれば、板に力を伝えられる。でも、足が板に固着されていないと、足と板がずれてしまって、板に力を伝えられない。ただ乗っているだけになってしまう。

つまり、足を板に固定すれば自分で抵抗を作り出すことができる。そうすれば、曲がれるようになるので、板をコントロールして進みたい方向へ自由に行けるようになる

わけですね。

そうです。海でサーフィンするときは、浮力があって、人間のバランスは完全ではないので、前後左右どこかが必ず沈んでいるんです。それが水の抵抗になって曲がることができる。そして、抜重をすれば、波の力で自動的に上がっていく。けれども雪の上では、雪は波のように体を押し上げてくれないので、降りてターンしたら反発や板が持っているバネも利用して自力で上がらないといけない。だから雪山でサーフィンの動きをしようとした場合、三次元の地形と上手に付き合う必要があるんです。

足を固定するためにスキーのバインディングを付けることで、見た目がサーフボードから遠ざかることに抵抗はありませんでしたか。

ないです。追求したのは原理ですから。

4 世に放たれたモス・スノースティック

モス・スノースティックは一九七九年に販売開始されていますが、その存在を知ってもらうために、どのようなことから始めたのですか。

最初は、その頃サーフィンで取引をしていたお店の人たちと一緒に遊びに行くところから始まったと思います。「今、こんなことをやっているんだ」ってスノースティックの話をすると「面白そうじゃん、俺も連れて行ってよ」となるので。それで実際に遊ぶと「面白い、うちでも扱おう」と。サーフィンの仕事を始めたときは、隣近所から少しずつ広がっていきましたが、サーフィンでできたつながりがすでにあったので、スノースティックの広がりは速かったですね。

そもそも当時、スキー場でモス・スノースティックを使うことはできたんですか。

いや、できないです。だから、まず滑っているところをスキー場の人に見せるわけです。これは、開発の段階から何度も行っていたんですけれど、三〇メートルくらいハイクアップ、歩いて登って、滑ってくるところをスキー場の人に見ていてもらう。そして、ちゃんと止まることができます、だからリフトに乗せてください、と交渉するわけです。製品化した後も同様で、みんな初めてで何も知らないわけですから、まずは一緒に歩いて登ってレッスンのようなことをするんです。最初は上から降ってはひっくり返る、降ってはひっくり返る、この繰り返しなので練習をして。ある程度できるようになると、スキー場の人が、一番短いリフトなら乗ってもいい、とかなるんです。

使っていた靴は、スキーのハードブーツですか。

ハードブーツよりも少し柔らかい、マウンテンで使うようなスキーブーツを使っていました。

一般の人に広く知ってもらうための取り組みとしては、何かされましたか。

当時、渋谷の１０９でサーフィンのファッションを扱っていたスポーツブティック・サヤというお店と、スポーツ用品店のハイストーンと、丸井とタイアップで、試乗会と簡単なレースをするツアーを企画しました。参加者を募集して、湯沢国際スキー場という小さなスキー場に泊まりで出かける、というバスツアーでした。

■そう言うと田沼さんは、フォルダの中から当時のツアー冊子を取り出して見せてくれました。一九八三年に二泊三日の日程で実施されています。土曜日の夜にチャーターバスで新宿を出て、新潟県の越後湯沢に到着した後に朝食、レンタルの受付、モス・スノースティックの講習、夕食でパーティー。次の日には、前日に行ったことを踏まえた大会が開かれています。興味深いことに、このツアー二日目に行われたレースが、第一回日本スノーサーフィンチャンピオンシップでした。

――**参加者は、やはりサーファーが多かったですか。**

そうですね。企画に参加しているお店に来るお客さんたちは、サーフィンが主たる遊びなので。それから、スケートボードからの人もいました。

田沼さんはツアーでは、どんなことをされていたのですか。

まず、参加者の足のサイズを事前に聞いておいて、それぞれに合わせて調整したスノースティックをレンタルとして用意して持って行く。現場では、コースを作って、初めての人には乗り方を教えて、一から一〇までやっていました。板に関しては、試してもらって、気に入って欲しくなれば、お店から買うことができる、という仕組みです。

参加者の反応は、どんな感じでしたか。

七一年に自分たちが女の子たちと赤倉に行ったときと同じように、みんな単純にワイワイしているだけですよ。ひっくり返っては騒いで（笑）。この当時は、こういった参加者を二〇名くらい集めて試乗をするタイアップツアーを繰り返し行っていました。ツアーでは常にお客さんと一緒にいるので、いろんな人が乗るのを見て、どこがうまくいっていて、どこが上手くいっていないのか、情報を集めては次の開発につなげていました。

ファッションビルの丸井は、八〇年代にはサーフィンの大会に加えてスノーサーフィ

ンの大会も独自に主催していますよね。

丸井が、自分たちの大会を行いたい、と言ってきたので。丸井に限らず、要は、ファッションが商売の主力にあったと思うんですよね。その時代その時代の、若者向けファッションを売るためには、ハードギアと遊びも必要なわけで。

遊びに行くために着る服やスポーツウェアを買って欲しい。そのために、イベントを行う、と。

そう、それがお店の狙いですよね、夏場のTシャツなども含めて。スノーサーフィン大会だけでなく、ファッションのムーブメントや起爆剤の種としてイベントをやっていくんです。

モス・スノースティックが発売された後、バートンを始めとする各社が、バインディングで足を固定する仕様のスノーボードをリリースしました。当時その流れを見たときには、どのように感じましたか。

いろんな意見があって、いろんなアイデアがあっていい。違うものや、代替えするようなものが出てきてもいい。もうこれで決まりではないので、まだまだ進化していくだろう、と。それは今も思っています。バートンというブランドは八〇年代から二〇〇〇年までの間に先頭を切ってゲレンデでやるスノーボードというものを定着させました。それはかなりスキーとスケートボードに近い遊び方ですけれどもね。

――ジェイク・バートンやトム・シムスは来日もしていますが、実際にお会いしたことはありましたか。

ないですね。でもミロビッチとは手紙のやり取りをしたことがあります。彼はウィンタースティックで、かなり不思議なことをやっていて。金具を外すと真ん中に収納されているアルミ板が下へ出てくる。それが雪の中で横抵抗を作る仕組みになっていて、それを使って曲がろうとしているんです。デッキには足と板のグリップ力を強めるためにボツボツがたくさん付いているんだけれども、それだけじゃ足りないので、足を挟むベルトも付けている。彼はエンジニアなので、若い頃、彼の中にある遊びのひとつをエンジニアリングの視点から分析して、ウィンタースティックで実践していたんだと思いました。僕は湘南ボーイの海の子で、彼よりも発想が子供っぽい、というか（笑）。ミロビッチは、手紙の内容も理知的でしたね。

ミロビッチは、ウィンタースティックの開発を離れた後、エンジニアリングの世界で活躍されていますからね（三三頁）。ところで、モス・スノースティックに興味を示した人の中には、スケートボーダーも含まれていたようですが、田沼さん自身は、スケートボードをやっていたんですか。

ちょっとは、やりましたよ、坂を下っていくスラロームとか、ね。七〇年代前半には自分のところでスケートボードを売っていた時代もありますから。スケートボードのトラックやホイール、板も作っていました。だから、横乗りスポーツの原理は全部、自分で体験しています。そうじゃないと開発できませんから。

スケートボードとサーフィン、両方ともやっているのに、田沼さんが雪の上で再現しようとしたのは、スケートボードではなくサーフィンの感覚なんですよね。

そうです。スケートボードは、どちらかと言うと、人工物の中でする遊び。「大自然と遊ぶのが良い」というテーマを、僕自身は持っているからです。

5

ボードは、自然の中へ行くきっかけでいい

田沼さんが一〇代を過ごしていた頃は、サーフィンやヒッピーなどを含め、カウンターカルチャーと呼ばれる対抗文化が米国で盛り上がり、世界へと広がっていた時代です。その頃のアメリカ文化から影響を受けていたと感じますか。

当時の日本でアメリカの文化は、横須賀とか横田（注：米軍施設がある街）から入ってきて。鎌倉も葉山も逗子も、横須賀からの影響は、ありましたね。それはアメリカの、とりわけ西海岸のカルチャーからの影響ですけれど、六〇年代から八〇年代までの三〇年間くらい、ずっと流行るんですよね。特に何かが好き、というより、そういう時代に産まれたから、偶然そういう文化に影響されている。もともとヨットが好きで、子供の頃には、海の向こうはどこだろう、と思っていたので、この先にはアメリカという国があるのか、そして海は全部つながっている、と。

■一〇代の田沼少年にとって一九六二年に海洋冒険家の堀江謙一が小型ヨットで単独太平洋横断に成功したことも、大きな出来事だったそうです。気付けば身近にあったアメリカ西海岸文化からの影響と、幼い頃から持ち続けていた海への思い。それらが融合し、自然の中で遊ぶための「道具づくり」につながり、根底にあるモットーは現在に至るまで一貫して変わっていない、と言います。

僕が伝えたいことは、自然と戯れることが、どれだけ人間が生きている中で大事か、ということです。自然に遊ばせてもらっていると言うか、生かさせてもらっていると言うか。それは、自分で身をもって体験してみないとわからないし、体で感じるということをみんなにやってもらいたいから。

——その上で、スノーサーフィンとは、どんな遊びですか。

圧雪されたコースだけではなく自然の地形を楽しむのがスノーサーフィンです。四〇年前くらいに考えていて、なかなかできていないな、と感じていた3Dの地形で遊ぶサーフィン寄りの楽しみ方が、やっとここ一〇年くらいで広がってきているな、と感じています。具体例をあげれば、スキー場が元から持っている地形、沢や片斜や土手のような場所であったり、ピステン（圧雪車）が入っていないコース脇のちょっとした場所や壁に積もった雪を使って立体的に行う遊び方。リフトがかかっているエリア内でも、自然の地形を楽しめる場所は、いっぱいありますから。

パウダースノーを滑ることが、スノーサーフィンというわけではないんですね。

違います。僕たちが作っているスノースティックは、パウダースノーを滑るためだけのパウダーボードではなく、3Dの地形をサーフィンの動きで楽しめる板です。スノースティックは後ろ荷重にする事でピボットが少しできるんですよ。前のエッジをフリーにしてあげて後ろのエッジだけで雪を噛むようにする。エッジコンタクトが短くなると、小さい回転半径で回れるので、サーフィンのピボットターンに近い動きが雪の上でもできるんです。ただ最初は乗り方に注意をしないと、通常のスノーボードよりもかなり後ろに立つことになるので、後傾するとひっくり返ってしまう。バランスの取り方がサーフィンというだけで、圧雪の上でカービングターンもできる。スノーボードが雪の上のスケートボードで、スノースティックは雪上のサーフィン、という違いです。

なるほど。

そして上達したら、より自然の地形を楽しむために、リフトがかかっていないエリア、バックカントリーにチャレンジするのもいいけれど、それには滑る技術だけでなく、気象や地形のこと、装備など、いろいろ勉強して相当考えて行動する必要が出てくる。リスクは高いですから。雪崩が起きるかもしれないし、吹雪に合うかもしれない。自然の中では色々なことがありますから、中途半端にやってはいけない。人に迷惑をかけることになるからです。それなのに、ビーコンなど基本的な装備すらしないで、何もわからないのに見様見真似で山に入って事故を起こしている人がたくさんいる。自然を勉強すると自分の限界がわかってくる。そうすると、自然との付き合い方、距離の取り方がわかってきます。自分の体力と相談して、何かあったときに、自分で始末できない領域には入ってはいけない。

■ちなみにバックカントリーとは、スキー場の敷地外に広がる山岳エリアを指します。国立公園に指定された山岳地帯も多く、自然そのままの標高の高い山に雪が積もっている状態といえばわかりやすいでしょう。その雪山を自己責任で数時間かけて歩いて登り、滑走することをバックカントリースノーボードや山スキーと呼びます。興味があれば専門知識を持ったガイドが同行するツアーに参加すると良いでしょう。一方スキー場は、運営会社の私有地であり、利用者は安全性が確保されたコースやゲレンデのみ滑走することができます。スキー場内にある立入禁止区域に入ることは、コース外滑走であり禁止行為なので絶対にやめましょう。

――では最後に、田沼さんの「大自然と遊ぶのが良い」というテーマについて、教えてください。

僕はしょっちゅう釣りに行くんですけれど、自然の中に身を置くことが色んな意味でのリフレッシュであり勉強になっています。自然は毎日、何からも影響されずに、まぁ自然も辛い思いをしているかもしれませんけれどもね、でも、ずっと絶えることなく波は打ち寄せて休むこともない。そして必ず、陽は昇る。これは誰が何と言っても間違いないことなんです。人間は悩んだりすることもあるけれど、結局自然の中に行くと全部吹っ飛ぶと言うか、そんなことを考えていても仕方がないんじゃないか、となる。自然と戯れることで、それが、どんなにちっぽけなことだったのか分かるので、最終的に人間の中での争いは、たいしたことじゃなくなったりするんです。

確かに。ゲレンデでリフトに乗りながら、雪が積もった木や遠くの山を眺めたり、物凄く強い風に吹かれたり、雨に打たれたり、野ウサギや鹿に遭遇したりすると、自然の力や豊かさによって、精神的にリセットされる感覚があります。

だから、きっかけは何でもいいんです、不純でもいい（笑）。海でサーフィンをしたり雪山で滑ってみたりするきっかけがあれば、自然というものを、そこでわかるわけですから。だからゲームで室内で遊んでいる子たちをどうやって外に引っ張り出すか考えることも大切で。今はコロナで色々大変だけれど、自然の中で遊んで欲しい。楽しいな、って思うエネルギーが、自分の活力になっていく。面白くなければ人生だめなので。なぜ生きているの？　って聞かれたら「楽しいことがしたいから」なんですよね。より多くの人がアウトドアで人生を楽しく送ってくれればいいな、と思います。だから、サーフボードやスノーボードが海や山へ行くきっかけになれば、それでいいんです。

田沼進三

一九四七年神奈川県生まれ。一九六九年サーフボードの製造販売を行うパイオニアモス社創業。一九七九年世界初のブーツを固定するバインディング付き「雪用サーフボード」モス・スノースティックを発売。以来、海と雪山用ボードの開発を行っている。日本におけるスノーサーフィンの父。

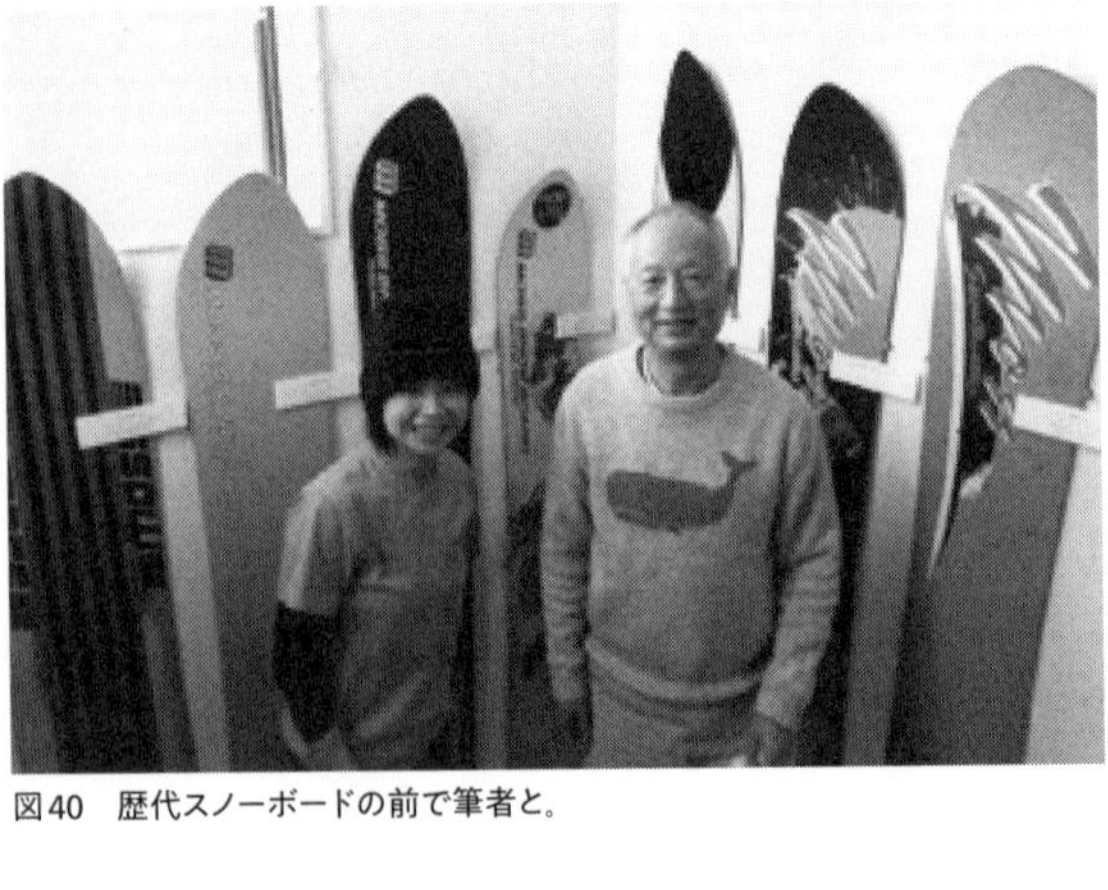

図40　歴代スノーボードの前で筆者と。

参考文献及び資料

はじめに

'First Patent Snowboard 1939'. Retrieved March 29, 2021, from http://www.snowboardingdays.com/first-patent-snowboard-1939-pictures-and-video

Brisick, Jamie, *Have Board, Will Travel: The Definitive History of Surf, Skate, and Snow*, Dey Street Books, 2004.

東野圭吾『ちゃれんじ?』（実業之日本社、二〇〇四年）

第Ⅰ部　スノーボードのはじまり

1　スノーボードの「祖父」と「父」

'History of the Snurfer'. Retrieved March 29, 2021, from http://www.mashf.com/Snurfing%201969.htm

'The "grandfather of snowboarding" Sherman Poppen dies at 89'. Retrieved March 29, 2021, from https://www.denverpost.com/2019/08/05/sherman-poppen-snurfer-obit

'Burton Backhill snowboard created by Jake Burton'. Retrieved March 29, 2021, from https://americanhistory.si.edu/collections/search/object/nmah_1400986

'Interview with Jake Burton Carpenter'. Retrieved March 29, 2021, from https://www.mountainzone.com/snowboarding/99/interviews/burton/

バートンジャパン "ジェイク・バートン・カーペンターを偲んで". https://www.burton.com/blogs/the-burton-blog/remembering-jake-burton-carpenter-jp/（参照2021-03-29）

The Thrasher Mag Archives, Retrieved March 29, 2021, from https://www.thrashermagazine.com/magazine/covers-archive/
'New 'snurfer' statue unveiled in downtown Muskegon'. Retrieved March 29, 2021, from https://www.mlive.com/entertainment/muskegon/2012/06/residents_welcome_new_snurfer.html

2　サーフィンとスノーボード

金澤宏明「ハワイ王国の文化と社会——その変遷と多元社会の形成」(『文化継承学論集』第二号、二〇〇五年)
'History of Winterstick'. Retrieved March 29, 2021, from https://www.winterstick.com/history-of-winterstick/
'From Surf to Snow: Snowboarding Pioneers Dreamed Big but Reaped No Profits (2003 January).' Retrieved March 29, 2021, from http://www.winterstick.net/nav/hist_1_desnews.html
『Diggin' Magazine Issue 08』(三栄書房、二〇一六年)
小林勝法「鵠沼海岸でのサーフィンの発祥前史」(『文教大学国際学部紀要』第二三巻二号、二〇一三年)
'We are Snowsurfers'. Retrieved March 29, 2021, from http://www.mosssnowstick.com/story
パイオニアモス "Moss snowboardの歴史". http://www.pioneermoss.com/mosssnowboards/1011/history/history.html (参照 2021-03-29)
'The Mind of A Pioneer, Founder Shinzo Tanuma Interview by SNOWboarding+'. Retrieved March 29, 2021, from https://vimeo.com/144584794?fbclid=IwAR1JPRiqMQvM1lhCZFfpNkE_U2rWIhZcsnCSt_8E_piyMrpuuTjNQGma4KM

3　スキーとスノーボード

'Sporting Gear : Monoskiing'. (1979). *The New York Times*, March 12

高橋幸一・野々宮徹『雪と氷のスポーツ百科』（大修館、一九九七年）
全日本スキー連盟『日本スキー教程』（スキージャーナル、二〇一四年）

4　スケートボードとスノーボード

ボーデン、イアン／齋藤雅子・矢部恒彦・中川美穂訳『スケートボーディング、空間、都市：身体と建築』（新曜社、二〇〇六年）
Wheaton, Belinda, *The Cultural Politics of Lifestyle Sports*, Routledge, 2013.（市井吉興・松島剛史・杉浦愛監訳『サーフィン・スケートボード・パルクール：ライフスタイルスポーツの文化と政治』ナカニシヤ出版、二〇一九年）
'You Should Know: The First Kidney-Shaped Pool'. Retrieved March 29, 2021, from https://skateboarding.transworld.net/features/first-kidney-shaped-pool/
ロサンゼルス・カウンティ美術館・国立新美術館編集『カリフォルニア・デザイン１９３０—１９６５：モダン・リヴィングの起源』（新建築社、二〇一三年）
'A Complete History of the Snowboard Halfpipe'. Retrieved March 29, 2021, from https://www.snowboarder.com/transworld-snowboarding-archive/snowboarding-photos/a-complete-history-of-the-snowboard-halfpipe/
Reed, Rob, *The Way of the Snowboarder*, Harry N. Abrams, 2005.
'Company History: The History of Tom and His Brand'. Retrieved March 29, 2021, from https://simsnow.jp/history/
'Terry Kidwell Interview: Father of Freestyle'. Retrieved March 29, 2021, from https://whitelines.com/snowboard-culture/scene/interviews/terry-kidwell-interview-father-freestyle.html
'Bob Klein: Industry Boss'. Retrieved March 29, 2021, from https://www.methodmag.com/features/bob-klein-industry-boss.htm

『Backside Snowboarding Magazine Issue 7』(Hangout Company, 2018)

第Ⅱ部　スノーボードの普及と発展

1　スノーボード時代の幕開け

Thorpe, Holly, *Snowboarding Bodies in Theory and Practice*, Palgrave Macmillan, 2011.

Hsieh, Tom, Jr., *Absolutely Radical*, (March 1985). Retrieved March 29, 2021, from https://issuu.com/budfawcett/docs/ism_mar85

2　ニュースクール・ムーブメントとスノーボード

日本スノーボード協会『JSBAスノーボード教程』(山と溪谷社、二〇〇八年)

公益財団法人全日本スキー連盟教育本部『トータルスノーボーディング日本スノーボード教程』(スキージャーナル、二〇一六年)

3　増加したスノーボード種目

'The Birth of Cross'. Retrieved March 29, 2021, from https://nationalpost.com/news/the-birth-of-cross

'20 years of Air & Style'. Retrieved March 29, 2021, from http://www.xgames.com/xgames/gallery/8904304/image/1/20-years-air-style

4　日本におけるスノーボードの普及

『Fine』三月号(日之出出版、一九八六年)

一般社団法人日本スケートボード協会〝日本と世界のスケートボードの歴史(要約)〟 http://www.ajsa.jp/info/

gaiyo/History.html（参照 2021-03-29）
日本スノーボード協会教育本部監修『スノーボードハンドブック入門編』（風書房、一九九〇年）
日本スノーボード協会・全日本スキー連盟・日本職業スキー教師協会編集『全日本スノーボード教程』（山と溪谷社、一九九三年）

5　オリンピックとスノーボード

公益財団法人日本オリンピック委員会〝第二三回オリンピック冬季競技大会（二〇一八年／平昌）競技一覧〟. https://www.joc.or.jp/games/olympic/pyeongchang/sports/?mode=pc（参照 2021-03-29）
永田靖「オリンピックにおけるビジネスモデルの検証：商業主義の功罪」（『広島経済大学経済研究論集』第三五巻三号、二〇一二年）
SNOWSTYLE 一九九八年三月発売号〝オリンピック特集を読む前に〟. https://dmksnowboard.com/nagano-orympic-uproar/（参照 2021-03-29）
丹羽政善〝なぜ五輪のスノーボード競技はスノーボーダーの間で賛否が議論されるのか？〟. https://news.yahoo.co.jp/articles/3a9bb09b08cfb6cc5ba8419d50fa9b54bea7951e?page=1（参照 2021-03-29）

6　スノーボーディングとは何か

Phillips, Jim, *Surf, Skate and Rock Art of Jim Phillips*, Schiffer Pub Ltd, 2003.
ホイジンガ、ヨハン／高橋英夫訳『ホモ・ルーデンス』（中央公論新社、一九七三年）
カイヨワ、ロジェ／多田道太郎・塚崎幹夫訳『遊びと人間』（講談社、一九九〇年）

第Ⅲ部　日本で生まれた「足を固定できる」世界初のスノーボード

日本雪崩ネットワーク〝ロープの向こう側：滑走者への安全の呼びかけ〟. https://www.nadare.jp/basic/think-snow/index/（参照2021-03-29）

図版出典一覧

1　the Muskegon Area Sports Hall of Fame http://www.mashf.com/Snurfing%201969.htm
2　Sherman Poppen snurfer sculpture dedication　https://www.mlive.com/entertainment/muskegon/2012/06/residents_welcome_new_snurfer.html
3　Bishop Museum Honolulu, Hawaiʻi
4　Bruce Brown Films 1966
5　Winterstick Net https://www.facebook.com/winterstick.net
6　大磯町郷土資料館
7　パイオニアモス http://www.pioneermoss.com/mosssnowboards/1011/history/history.html
8　Mail online. https://www.dailymail.co.uk/news/article-3714763/Norwegian-rock-carving-skier-damaged-forver-teenager-scratched-make-clearer.html
9　Brisick, Jamie, *Have Board, Will Travel: The Definitive History of Surf, Skate, and Snow*, Dey Street Books, 2004.
10、14、15　全日本ウインタースポーツ専門学校
11　*House Beautiful* April 1951.
12　発売ソニー・ピクチャーズエンタテインメント、二〇〇九年
13　株式会社ムラサキスポーツ

16、17、18、19、25　SIMS SNOWBOARD JAPAN Dept. https://simsnow.jp/history/

20、21、22　*The Thrasher Mag Archives* https://www.thrashermagazine.com/magazine/covers-archive/

23、24　株式会社ハスコ・エンタープライズ

26　バートンジャパン合同会社

27　20 years of Air & Style http://www.xgames.com/xgames/gallery/8904304/image/8/december-1999-innsbruck-winner-stefan-gimpl

28　発売・販売元　東北新社、二〇〇五年

29　『Fine』三月号、日之出出版、一九八六年

30　公益財団法人日本オリンピック委員会　https://www.joc.or.jp/games/olympic/pyeongchang/sports/?mode=pc

31　個人蔵

32　Phillips, Jim, *Surf, Skate and Rock Art of Jim Phillips*, Schiffer Pub Ltd, 2003.

33、34　アディダスジャパン株式会社

35、36　有限会社パイオニアモス

37〜40　編集部撮影

スノーボード年表

1939	スノーボードのようなソリ（Sled）がアメリカ合衆国で特許を取得
1945	第二次世界大戦終結　日本にサーフィンが本格的に入ってくる
1947	パイオニアモス社創業者、田沼進三生まれる
1950	SIMS創業者、トム・シムス生まれる
1954	BURTON創業者、ジェイク・バートン・カーペンター生まれる
1956	米国で初のスケートボード製品「サイドウォーク・スウィンガー」発売
1963	トム・シムスが学校の課題用に雪用スケートボード「スキーボード」を自作
	初めてのスケートボード大会がロサンゼルス・ハモサビーチで開催される
1964	世界的なカウンターカルチャー・ムーブメントが起きる（〜一九七四年）
	スケートボード専門雑誌 *The Quarterly Skateboarder* 創刊

1965	アメリカ国内でベトナム反戦運動強まる
	ミシガン州マスキーゴンでシャーマン・ポッペンがスナーファーを思いつく
1966	サーフィンを題材にした映画『エンドレス・サマー』公開
1968	ポッペンがスナーファーの特許を取り、ブランズウィック社がスナーファーを商品化、販売を開始する
1969	野外コンサート「ウッドストック・フェスティバル」開催
	田沼進三がパイオニアモス社を創業、サーフボードの製造販売開始
1970	ディミトリー・ミロビッチ（のちにウィンタースティック社創業）がサーフボード職人ウェイン・ストーブケン自作の雪用サーフボードに初試乗
1971	田沼進三が自分たちで遊ぶための「雪用サーフボード」を設計し製作
1972	ミロビッチがユタ州ソルトレイクシティのスキーリゾートで冬用サーフボードの開発を開始
1973	ベトナム戦争からアメリカ撤退
	ムラサキスポーツ1号店が上野に開店
1974	カリフォルニアで歴史的な干ばつが起き、スケートボードのプールライディングが各地で始まる

1975	スケートボードチーム Z-Boys がサンタモニカからベニス地域にかけてのドッグタウンで結成される
	ミロビッチの「冬用サーフボード」が雑誌 *Newsweek* に取り上げられる
	トム・シムスがワールドスケートボードチャンピオンシップで優勝、シムス・スケートボード社を創業
1976	ミロビッチがウィンタースティック社を創業、「冬用サーフボード」ウィンタースティックの製造販売開始
	トニー・アルヴァ（Z-Boys メンバー）が、スケートボード初の空中技「フロントサイド・エアー」を成功させる
1977	シムス・スケートボード社が合成樹脂のボード上にスケートボードを乗せた製品「スキーボード」を販売開始
	ジェイク・バートン・カーペンターがバーモント州ロンドンデリーに引っ越しバートン・ボード社を創業
1978	フロリダのプロ・スケーター、アラン・ゲルファンドが「オーリー」を完成させる
1979	パイオニアモス社が、ブーツを固定するバインディング付き「雪用サーフボード」MOSS snowstick を販売開始
	西海岸タホ市で自然にできた「雪のハーフパイプ」が地元スノーボーダーたちによって発見され「タホ・シティー・パイプ」と名付けられる
1981	ジェイク・バートンが社名と自社ブランド名を「バートン・ボード」から「バートン・スノーボード」に改名
	スケートボード専門月刊誌 *Thrasher Magazine* 創刊

1982	ミロビッチが販売不振を理由にウィンタースティック社を一旦たたむ
	スノーボード大会 The National Snowboarding Championships がバーモント州スイサイドシックスで開催される
	日本スノーサーフィン協会と日本スノーボード協会（ＪＳＢＡ）が設立される
	第一回全日本選手権大会が秋田県の協和スキー場で開催される
1983	第一回日本スノーサーフィンチャンピオンシップが新潟県の湯沢国際スキー場で開催される
	トム・シムスが世界初のハーフパイプ種目を導入したスノーボード大会 The World Snowboarding Championships をカリフォルニア州ソーダ・スプリングスで開催
1984	「スノーボードアライアンス」という同盟が結成され、スキー場におけるスノーボーダーの行動指針が「スノーボーダー・ユーザー・ガイドライン」として提示される
1985	初のスノーボード専門季刊雑誌 *Absolutely Radical* 創刊
	シムス・スノーボード社がテリー・キッドウェルの名前をつけたフリースタイルボード「ラウンドテイル」を発表
	映画『００７　美しき獲物たち』公開。トム・シムスがスノーボードシーンでジェームス・ボンドのスタントを務める
	ジェイク・バートンが夫婦でオーストリアに移住、自社のスノーボードを大量生産できる基盤をヨーロッパで築く
	バートン・スノーボード社主催のスノーボード大会名称が正式に BURTON US OPEN となる

1987	テリー・キッドウェルやクレイグ・ケリーによるスノーボードシーンがチューイングガム「Juicy Fruit」の米国テレビコマーシャルに登場
	小賀坂スキー製作所がアルペンスノーボードの製造販売を開始
	映画『私をスキーに連れてって』公開。日本でスキーブームが起きる
	日本スノーボード協会（ＪＳＢＡ）が日本スノーサーフィン協会を吸収合併
1988	BURTON US OPEN にハーフパイプ部門が設けられる
1990	ハーフパイプを作るための専用重機「パイプドラゴン」が開発される
	ニュースクール・ムーブメントが広がりはじめる
1991	日本でバブル経済の好景気がピークを迎え、以後崩壊を始める
	日本スノーボード協会（ＪＳＢＡ）が国際スノーボード連盟（ＩＳＦ）に加盟
	アルペンでもフリーでも参加できる種目ボーダークロス（スノーボードクロス）がテレビ番組の企画で生まれる
1993	スノーボード映像作品『ロードキル（*Roadkill*）』発売
	日本でのスノーボード人口が二〇万人に達する。前年より約一〇〇か所多い二八〇か所のスキー場でスノーボード滑走が可能になる
	日本初の『全日本スノーボード教程』出版

1994	オーストリア・インスブルックで初のビッグエアに特化した大会 Air &Style 開催
	バートン・スノーボード社がツインチップボード発売
	冬季オリンピックでスキー競技を統括する国際スキー連盟（ＦＩＳ）がスノーボードをスキー競技の公認種目に加える
1995	アメリカの大手スポーツ専門テレビ局ＥＳＰＮが大会 X GAMES を開始
	スノーボードが一九九八年長野冬季オリンピックの正式種目に追加される
1997	北海道でビッグエアに特化した大会 TOYOTA BIG AIR 開催開始（〜二〇一四年終了）
1998	長野冬季オリンピック開催。スノーボードは正式種目としてハーフパイプと大回転が実施される
2000	テリエ・ハーコンセンが独自の大会「アークティックチャレンジ」をノルウェーで開催開始
	ボーダークロスに着想を得たプレイステーション2のゲームソフト「エクストリーム・レーシング SSX」発売
2001	東京ドームでビッグエアに特化した大会 X-TRAIL JAM 開催開始（〜二〇〇八年終了）
2002	ソルトレイクシティ冬季オリンピック開催。スノーボードは、ハーフパイプとパラレル大回転が実施される
	国際スノーボード連盟（ＩＳＦ）が解散し、新たに「世界スノーボード連盟（ＷＳＦ）」が設立される

2006	トリノ冬季オリンピック開催。スノーボードクロスが種目に加わる
2010	バンクーバー冬季オリンピック開催。ハーフパイプ、パラレル大回転、スノーボードクロスが実施される
2012	トム・シムス他界（享年六一）
2014	ソチ冬季オリンピック開催。スロープスタイル、パラレル回転が種目に加わる。男子ハーフパイプで平野歩夢選手が銀メダル、平岡卓選手が銅メダル、女子パラレル大回転で竹内智香選手が銀メダル獲得
2016	東京２０２０オリンピックで、スケートボード・ストリート及びパーク、サーフィン・ショートボードが追加種目として実施決定
2018	平昌冬季オリンピック開催。ビッグエアが種目に加わる。男子ハーフパイプで平野歩夢選手が銀メダル獲得
	平昌冬季パラリンピックでスノーボードが正式種目となりバンクドスラロームとスノーボードクロスが実施される。成田緑夢選手が男子バンクドスラロームＳＢＬＬ―２クラスで金メダル、男子スノーボードクロスＳＢＬＬ―２クラスで銅メダルを獲得
2019	ジェイク・バートン・カーペンター他界（享年六五）
2021	新型コロナウイルスの世界的な感染拡大のため1年延期された東京２０２０オリンピック開催。男子ハーフパイプのメダリスト平野歩夢選手がスケートボード男子パーク日本代表として史上初のボードスポーツ夏冬両オリンピック出場を果たす。スケートボード男子ストリートで堀米雄斗選手が金メダル、女子ストリートで西矢椛選手が金メダル、中山楓奈選手が銅メダル、女子パークで四十住さくら選手が金メダル、開心那選手が銀メダル、サーフィン男子で五十嵐カノア選手が銀メダル、サーフィン女子で都筑有夢路選手が銅メダル獲得

おわりに

二〇二一年夏、東京２０２０オリンピックが一年の延期を経て開催され、横向きに立って乗る三つのボードスポーツが、ようやくオリンピックに揃いました。五輪中継は、３Ｓが勝ち負けではなく可能性を信じて自分自身に挑むことに価値を置き、同じ活動を好み楽しむ仲間との間に国を超えた連帯感があることを、直接的に伝えていたと言えるでしょう。多くの人々が「横乗りの文化」へ興味関心を寄せた同年の秋に、サーフィンとスケートボードから影響を受け発展を遂げたスノーボードの歴史と文化を、本書『スノーボードの誕生』で、あなたにお届けできたこと、心から嬉しく思っています。

「スノーボードの文化の本を書こう」そう決めたのは、私がスノーボードを始めて六回目のシーズンが終わる頃でした。ようやくゲレンデを自由に動き回れるようになり、コース脇の壁をのぼっては降りることが面白くなってきたとき、「なぜ、スノーボーダーは壁をのぼるのだろうか」という疑問が、ふと頭をよぎりました。「そこに壁があるから」と言われればその通りなのですが、「壁をのぼる理由」が知りたくなったのです。調べ始めると、スノーボードの歴史や文化を客観的かつ包括的にまとめた人文科学系書籍が、まだ存在していないことも判明しました。「無いのなら、自分でやろう」。原稿を書く動機は、いつも、これです。

　私自身のスノーボード経験を振り返れば、開始したのは四十七歳の時です。運動部に属したことも、スキーをしたこともない状態で、初日には見知らぬ大学生のグループと共にスクールのレッスンを受けました。しかし、最後まで自分だけが板の上に立ち上がることが出来ませんでした。この状態は三回目のスノーボードまで続き、ずっとしゃがみ込んだまま、のろのろと雪上を進み、周りのスノーボーダーたちがスイスイと板を走らせ自分を追い越して行く様を見ながら、「私だけが出来ないはずはない」と、心のどこかで信じて毎年ゲレンデに通う冬が始まったのです。逆エッジは痛くて辛く、今思えば不思議なくらい緩い斜度も、当時は谷底へ落ちる急坂のようで恐怖以外の何ものでもありませんでした。それでもスノーボードを続けられたのは、上手に滑ることはできなくても、ゲレンデに行くからこそ体験できる「雪の世界」という非日常が単純に楽しかったからです。具体的に述べれば、リフトから眺める雪の積もった木々、たまに遭遇する鹿や兎などの動物たち、朝一番に陽の光を受けてキラキラと輝く雪面の美しさ、山頂だからこそ望める視界の限り広がる壮大な山々の景色などなど。それらは、スノーボードのスキルとは無関係に「またゲレンデに行こう！」という気分にさせ続けてくれています。おかげで、苦手だった寒さのことも忘れ、冬が待ち遠しくなり、気温が下がると喜ぶようになりました。人は本当に、変わるものです。

あなたがもしスノーボード未経験で、本書を読んでスノーボードに興味が出てきたら、ぜひゲレンデに足を運び挑戦していただければ幸いです。初めての体験は楽しいかもしれないし、楽しいだけではないかもしれません。でも、雪と戯れ、自然の中に身を置くことで、感じられる「何か」はあるはずです。そして、より安全に安心してスノーボーディングを楽しむためにも、ヘルメットとプロテクターを身につけて下さい。特にヘルメットは、人間にとって大切な「脳」を守るために欠かすことはできません。逆エッジで頭部を打つことが多い初心者時代はもちろんのこと、常に、ノー・ヘルメット、ノー・スノーボーディング。装備をしっかりとしてさえいれば、転ぼうが飛ばされようが、ある程度は安心して、スキー場でスノーボーディングを楽しむことはできるからです。

書籍化にあたり、巻末の対談ではパイオニアモス社並びに田沼進三氏よりご協力を賜りました。校閲では鷗来堂に、装丁とデザインでは宗利淳一氏に、本文レイアウトではアトリエ晴山舎の森貝聡恵氏に、編集では『スノーボードの誕生』というタイトルの提案含め春陽堂書店の堀郁夫氏に大変お世話になりました。また刊行の実現に先立って恩師である立教大学、野田研一名誉教授にご教示いただきました。記して感謝申し上げます。

最後に、この本を手に取り読んで下さったあなたと、スノーボードを生み出し発展させてくれた偉大なる先人たちに、深く感謝いたします。

私は、スノーボードを始めて本当に良かった、と心から思っています。ありがとう、スノーボード！　これからもずっと、みんなでスノーボーディングを楽しめますように。

二〇二一年　一〇月　　田嶋リサ

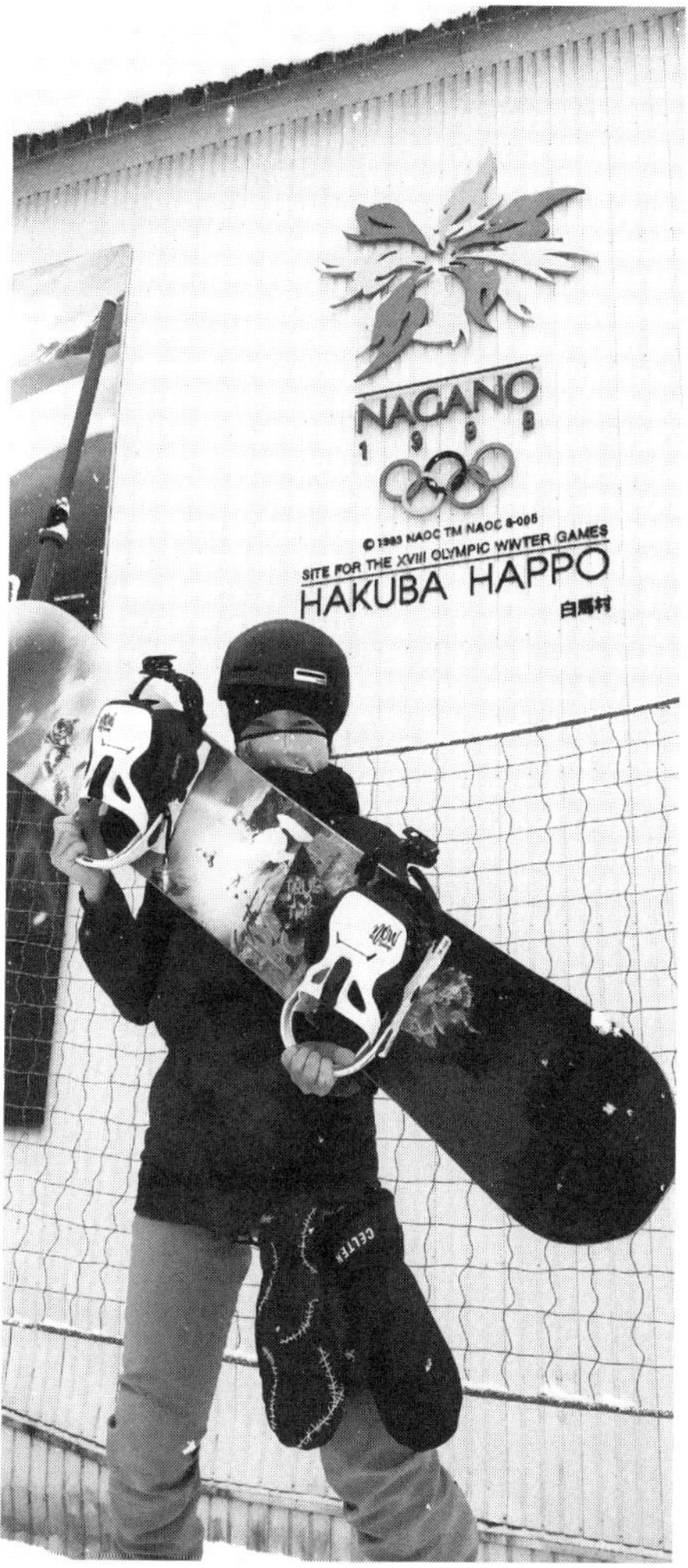
NAGANO
SITE FOR THE XVIII OLYMPIC WINTER GAMES
HAKUBA HAPPO
白馬村

（筆者近影）

春陽堂ライブラリー 5

スノーボードの誕生――なぜひとは横向きに滑るのか

二〇二一年一一月一〇日　初版第一刷　発行

著者　田嶋リサ
発行者　伊藤良則
発行所　株式会社 春陽堂書店
〒一〇四―〇〇六一　東京都中央区銀座三‐一〇‐九
電話　〇三‐六二六四‐〇八五五
装釘　宗利淳一
DTP　森貝聡恵（アトリエ晴山舎）
印刷・製本　株式会社 シナノパブリッシングプレス

乱丁本・落丁本はお取替えいたします。

ISBN978‐4‐394‐19504‐7　C1370

田嶋リサ（たじま・りさ）

1967年生まれ、神奈川県出身。法政大学、東洋学園大学ほか兼任講師。専門は比較文化、英語教育。立教大学大学院異文化コミュニケーション研究科博士前期課程、法政大学大学院人文科学研究科英文学専攻国際日本学インスティテュート博士後期課程修了。博士（学術）。

愛好家として2014年にスノーボード開始。これまでにSAJ公認スノーボードバッジテスト1級、JSBAスノーボードバッジテスト2級、JSTAAA JUMP検定6級合格。

著書に『鉢植えと人間』(2018年、法政大学出版局)、『英文版 Pop Bonsai: Fun with Arranging Small Trees and Plants』(2004年、講談社インターナショナル)、『エムパソ』(1996年、舵社)等。